软阶层

徐瑾 著

在不确定的时代
寻找上升阶梯

徐 瑾
青年经济学者

英国《金融时报》中文网经济主编，微信公众号"重要的是经济"（econhomo）主理人，曾被权威机构评价为"中国最受欢迎的青年经济学者"。

近年出版的《货币简史》《白银帝国》《徐瑾经济学思维课》《趋势》等书，连续入选"最受金融人喜爱的财经书籍"。作品畅销海内外，《白银帝国》由耶鲁大学出版社推出全球英文版，被《华尔街日报》《亚洲书评》等权威媒体推荐。

徐瑾亦为经济人读书会创始人、东京大学客座研究员、上海公共政策研究会理事；曾是得到讲授经济学大师课主理人，所授课程多次入围全国知识付费榜单，位列经济类前茅，广受好评。

读者联络微信：xujin2023

徐瑾公众号　　徐瑾免费课

扫一扫，了解更多经济阶层趋势

欢迎来到软阶层时代,带着勇气、智慧与知识。

软是脆弱,软是下滑;软也可以是柔韧,更可以成为转变的契机……

名家荐读

徐瑾的《软阶层》提出了一个非常微妙的新概念：软阶层。这是指建立在流沙基础之上的社会中间层。他们就像在软泥上跑步，越挣扎，越有可能向下沉，但不挣扎又永无希望到达对岸。这种真实的困境造就了社会中无处不在的焦虑。这本书点出了这种窘境：有的时候，很多人宁可阶层固化，也不愿意上下流动。我们需要合书深思：为什么会有社会地位下滑的风险？中等收入群体在扩大，为何人们的危机感不降反升？这个现象可能反映出最深刻的社会矛盾，值得我们所有人深思。

——郝景芳　雨果奖得主、《北京折叠》作者

在新书《软阶层》里，徐瑾以她独特的视角和笔锋把现在全球热议的不平等议题带入中国语境——正如她其他的颇受好评的专著，本书娓娓道来、深入浅出，把不平等经济和社会流动议题融入文化与社会的大背景里，虽结合了中国现实，却有全球比较的宏大视野，这是一本难得的好书，大力推荐。

——马德斌　牛津大学经济史教授、牛津万灵学院院士

如果概括当今世界的特征，也许一个词是少不了的，这就是"脆弱"。更确切地说，是结构性脆弱，转型期的结构性脆弱。一个个结构体的内部脉络在松动，外部支撑的因素也在松动。徐瑾提出了软阶层这个概念，在分层的领域中对这种脆弱性进行了深刻的洞察与透视。这种脆弱性，将来也许会集中地凸显在所谓中产阶层的身上。

—— 孙立平　著名社会学家、清华大学社会学教授

职场焦虑，教育内卷，高端文化遇冷，轻奢消费崩塌，庸俗段子和短视频盛行，迷信和诈骗发生，政治思潮被民粹主导……这些都是全球中产阶层地位下滑、中产人口缩水带来的现象。徐瑾此书说的是当今很重要的一个趋势，它就在眼前，我们不能视而不见。

—— 万维钢　科学作家、得到App《精英日课》专栏作者

一路狂飙之后，我们却已经隐隐感到脚下的土壤变软了，这让我们惴惴不安，这到底怎么了？会好起来还是会坍塌下去？我们和这个世界会好吗？在《软阶层》一书中，徐瑾用她独有的视角和宏大的史观帮助我们回答这内心隐忍却无法言说的问题。

—— 周航　投资人、易到用车创始人

目 录
CONTENTS

前言　软阶层的未来，会好吗？/ 1

01 趋势：
全球软阶层时代到来

巨变时代：软阶层登场 / 15

阶层重回视野 / 24

全球中产阶层的萎靡 / 27

中国软阶层的焦虑 / 42

软阶层时代的新趋势 / 52

软阶层与全球化 / 59

北欧模式无法拯救软阶层 / 64

软阶层的未来 / 72

02 挑战：
全球十亿"新穷人"的四重困境

软阶层与房产："都市居，大不易"的想象与真实 / 83

软阶层与职场：从杜拉拉到《四重奏》看中日

　　　　　　　阶层观 / 92

软阶层与教育：寒门或难圆梦 / 100

软阶层与性别：从女性贫困看新穷人 / 130

03 差距：
"富人与你我不同"

软阶层遭遇盖茨比曲线 / 151

新贵崛起，软阶层或没落 / 155

软阶层的梦想：从注重效率回归关注公平 / 159

穷忙族：贫穷的真相在于稀缺 / 161

04 转折：
共同富裕如何造"富"软阶层

1000块钱能做什么？ / 171

共同富裕：后疫情时代的"加速"趋势 / 174

共同富裕的价值 / 178

软阶层如何构建安全底线 / 184

05 救赎：
走出个体的"中等收入陷阱"

理解软阶层社会：相信未来 / 189

软阶层社会如何应对断层：功能性社会 / 198

软阶层个体策略：投资于生存力 / 202

结语　理解软阶层，跨越软阶层 / 227

主要参考文献 / 233

后记　折叠的软阶层 / 249

前　言

软阶层的未来，会好吗？

　　这不是结束，甚至不是结束的开始，而可能只是开始的结束。

　　　　　　　　　　——英国前首相　温斯顿·丘吉尔
　　　　　　　　　　　　　　　　　（Winston Churchill）

　　谈到经济增长，我们指的是人均收入的长期增长。真正的经济增长意味着社会总收入必然比人口增长得更快。

　　　　　　　　——诺贝尔经济学奖得主　道格拉斯·诺斯
　　　　　　　　　　　　　　　　　（Douglass C. North）

"内卷""躺平""35 岁现象""阶层下移"……

这些名词背后，是世道人心的变化。你是不是偶尔也会感到有些力不从心，这个世界到底怎么了？这不是你的错，而是时代的变化。当阶层上升的窗口关闭，更多的城市中等收入群体改善速度放缓，甚至面临阶层下移的情形，我将这一部分人称为软阶层。本书的主题就是讨论软阶层、中等收入陷阱与共同富裕等问题。

阶层为什么重要？软阶层到底是什么？软阶层时代意味着什么？当软阶层面临诸多社会问题时该如何跨越与"跃变"？这些也是本书试图回答的问题。不可否认，任何问题的出现，都是时代的映射。英雄之所以伟大也是因其处于时代之中才被映衬得雄姿英发。软阶层时代是大趋势，但个体还是能够有所作为。软阶层想要改变，认清现实是第一步，再造"二手人生"是第二步，这就是软阶层"跃变"之路。

阶层问题是当下中国社会面临的关键问题，在教育、住房、职场等问题背后，穿过现象看本质，其实无非阶层焦虑。阶层之所以重要，是因为它能简洁明了地划定我们的社会地位，甚至间接地决定我们下一代的身份。无论你属于哪个阶层，你都需要了解阶层变迁的趋势，而走向软阶层社会正是社会变迁的重要趋势。

所谓软阶层，也就是阶层地位可能面临下滑的城市中等收入群体。过去，凭借宏观经济的起飞，加上自身的努力与专业，他们能在经济大潮中占有一席之地，凭借的是阶层跃迁、财富升级。如今随着时代变化，软阶层不得不面临收入缩水、阶层下滑的情境，这也引发了软阶层时代的到来以及社会的诸多变局。

你可能属于软阶层，也可能不属于；你可能认同这个概念，也可能不认同。问题在于，无论你是否属于软阶层或者是否面临软阶层的现状，软阶层现象都是一个现实，无论你叫它什么，它都将是我们面临的超级现实，或者说重要考验。甚至可以说，这是我们时代最大的考验，它可能将极大地改写经济、政治和社会规律。

软阶层时代意味着什么？不少城市中产面临阶层下滑的处境，而这一处境的加深，自然使得我们面临一个软阶层社会。这并不是中国独有的，而是一个全球现象。在我们的时代，"内卷"加剧、"躺平"流行，阶层鸿沟、贫富不均、阶层固化、技术鸿沟、政策壁垒等现象涌现，在这背后其实有着更深刻的变化。在这样的格局之下，许多中产都受困于自己所属的软阶层。全球政治经济分裂愈演愈烈，在表面的冲突之下，更深层次的力量与根源何在？

本书试图在定义软阶层之余，分析软阶层时代的纷繁现象，通过对经济学、政治学、社会学、科技等领域的综合分析，探索软阶层的前世今生和当下的应对，以及未来的趋势。

全书分为五个部分。第一部分主要论述软阶层挑战的出现、如何定义软阶层，以及将软阶层放在经济史与全球比较的视野下审视其发展；第二部分从房地产、职场、教育、性别等不同领域分析软阶层面临的压力与困境；第三部分则是讨论全球贫富不均之下的撕裂现象，随着各类新贵崛起，对应的是软阶层为何没落，贫富不均问题如何解决；第四部分则是谈论软阶层面临的政策转折，即随着共同富裕受到社会重视，这一变化对于软阶层的整体意义，其要义体现于构建安全底线；第五部分则是谈论软阶层的自我救赎，如果软阶层困境被定义为个体的"中等收入陷阱"，那么如何走出这一陷阱？除了社会、政策变化，个体也应该做出努力，投资于自身的生存力。

作为一名财经观察者，我跟踪中国经济超过十年，写过十多本书、上千篇专栏文章，也在英国《金融时报》、微信公众号"重要的是经济"（曾用名"徐瑾经济人"），以及"得到"等平台与大众进行交流。本书聚焦软阶层，也可以说此书是我写作生涯中修改时间最长、投入精力最大的一本书。个体命运的变化，是我的关注要点。本书初稿完成于2017年，此后几经修改。可以说，当时资本狂潮一路向前，大家还在憧憬繁花似锦的未来，我已经预感到了阶层下移的趋势。最开始，软阶层时代只是一个预判的趋势，此后伴随经济增长放缓、中美贸易摩擦以及新冠疫情等因素，软阶层时代逐渐开启。

时代变迁

过去四十多年中国经济的崛起，被不少经济学家称为"中国奇迹"，也就是很多普通人口中的"国运"。诚然，这是最近半个世纪里最重要的历史大事件之一，也是软阶层兴起的历史背景。也正因此，站在大时代的隘口，要判断个人福祸与"国运"变迁，不妨从更长远的历史追溯，可看到更全面的真实图景。

宏大叙事之下，上演的是万千升斗小民的柴米油盐的故事。经济的发展，最终要落实到人的身上，尤其是民众生活水准的提升。大时代洪流的涓滴变化，对应到个体都是命运的转折升腾这一过程，其实也是社会不断搅拌、沉淀、再搅拌的过程。

中国的经济起飞，仅仅经过了一两代人的时间。我们目睹了城市化在中国的落地生根。2021年，中国经济总量超过110万亿元，人均国内生产总值超过8万元人民币，按年均汇率折算超过1.2万美元。[①]这是一个巨大的跨越，即从人均GDP来看，中国超过了世界水平，而且接近发达国家收入门槛。

中国经济腾飞固然令人叹服，但这并非人间奇迹，背后是经济规律的胜利。我曾经在《趋势》等书中指出，从大历史的角度审视，过去四十多年，中国经济的增长主要来自三大支撑——改革释放的制度红利、城镇化解放的人口红利以及中国加入WTO带来的开放红利。

如今看来，这三大红利有所褪色。高速增长的引擎一旦放缓，对个体的影响也非常直接。在新冠疫情期间，流行一句话：

---

① 国家统计局：《国家统计局局长就2021年国民经济运行情况答记者问》，见 https://www.stats.gov.cn/xxgk/jd/sjjd2020/202202/t20220209_1827283.html。

时代的一粒沙，落在个人身上，就是一座山。

这个退潮，对资本而言"很冷"。一系列消息，使得不少行业都处在风雨飘摇之中。从具体行业来说，房地产、旅游、航空等行业的萎缩都在意料之中，有意思的是，原本盈利不错的互联网公司也遭遇重创。

早在 2021 年年末，媒体已经感受到了巨大的变化。当时新媒体平台"财经十一人"的一则报道，就通过股价变化描述了时代的变化。

报道中说，腾讯、阿里巴巴、京东、美团、百度、快手、拼多多 7 家代表性公司的数据显示了一个有趣的现象：比较疫情之前的 2019 年前三季度的数据与疫情之后的 2021 年前三季度的数据来看，这些公司总营收上升 70%，总营业利润上升 56%，可以说这些互联网巨头经营业绩大幅上涨；然而这些公司的股价在 2021 年几乎全部下跌，最多的下跌了 71%。[①]

这说明什么？一叶知秋。股市不是看过去，而是看未来。股价的下跌，意味着市场对于互联网企业的担忧，而互联网企业，无疑是目前中国前沿的民营企业资本。

经济的变迁，资本的寒流，也使得软阶层感受最为强烈，感受最深的就是各类互联网企业的员工，他们也是最早体会"经济冬天"含义的群体。过去，这个群体是城市新兴群体代

---

① 刘建中、陈汐、柳书琪：《2021 十大收缩行业》，载微信公众号"财经十一人"，2021 年 12 月 5 日，见 https://mp.weixin.qq.com/s/nes6gfaatI0_YYDWLFzZfQ。

前言

表，年入百万期权、千万期权的故事比比皆是。

这些互联网巨头在中国曾经享有一个令人骄傲的名词："大厂"。"大厂"这个词，本身就非常具有中国特点。曾经，这些公司的员工级别，比如"阿里P8"之类，是相亲市场的热门标签，"P8家属"也成为阶层感十足的社交词语。

互联网行业是资本的排头兵，而资本的过冬寒意也最早传递给了互联网行业。曾经，各个互联网"大厂"化身为时代前驱、财富自由、中产生活的代名词，代表了资本一往无前的自信与繁花似锦的前程，阶层感满满。但是，一旦面临大时代转折，同样要零落成泥。最近这些年的互联网圈，没有往日年会、年终奖、期权等炫目消息，反而传出各种裁员和优化等信息。可以说，"大厂"在这个"冬天"，很冷。

互联网行业只是一个缩影。不少"天天向上"的城市中产，其地位不过是来自二三十年的短暂积累，根基不稳且脆弱。当"大厂"裁员，"大厂"员工除了"大厂"身份，还有什么？"大厂"也是一种新型体制，不少人的工作无非资本流水线的"螺丝钉"，35岁成为不少互联网员工的"天花板"。一部分人的出路是考公务员，所以即使是程序员云集的网站，也开始布满各种考上公务员的"上岸"消息。但是，"大厂"固然有其生存法则，公务员何尝不是另一种围城。如今，年轻人犹如千军万马一般拥挤"考公"，一个招考职位有数百人乃至数千人报名早已不是新闻。大家求的是稳定，但公务员能否保证现世安稳却很难说。十年之后，当下看起来稳定的公务员，是否也会"卷"

起来？是否也会是下一个"大厂"？

值得注意的是，以上这些只是软阶层的中国镜像，软阶层现象，可以说遍及全球，是世界新现象。

深化改革

2019年年末暴发的新冠疫情，改变了很多事物的本来面貌，疫情未必是对趋势的改变，但确实加速了趋势的变化。对软阶层来说，世界已经与昨日不同，疫情成为不少事件的分水岭。

在2021年年底，我在当时的微信公众号"徐瑾经济人"（后改为"重要的是经济"）做过一份"疫情之下，你觉得你的公司和行业未来发展如何？"的问卷调查，有近1500人参与，其中15%的人选择"机会大好"，59%的人选择"艰难度日"，剩下26%的人选择"不好说"。

从更深层来看，这些变化并不是由疫情单方面引起的，但是疫情无疑加速了软阶层社会的某些趋势，比如贫富分化、收入锐减、人口减少。

这些年，一个物理学概念重新进入大众视野，那就是"熵"——它是某些物质系统状态的一种量度，熵越大，无序程度越大。在某种意义上，过去软阶层的日渐增多，也是社会的"熵"不断变大的过程，这意味着，总有一天，我们需要直面一个问题，即解决软阶层面临的各种问题。

前言

软阶层时代，如果处理得当，将是一个"负熵"的过程。在公共政策层面，"共同富裕"已经成为主题，进一步深化改革仍旧是题中之意。从个体层面而言，软阶层应该如何做？我认为，软阶层应该探索第二人生或者说"二手人生"，所谓"二手人生"，也就是自我选择的人生。这需要我们赋予生活更多可能性，为潜在的风险搭建安全垫，这意味着软阶层不能依赖过去那样的单线程生活，而应该努力构建多渠道、多生态的网络来对抗风险社会。

变化意味着选择，对于应该选择的道路，并不是没有共识。

2021年，有篇文章在社交媒体和知识界引发了不少讨论。这篇文章是时任国务院副总理刘鹤20年前的演讲。2001年，他在中国资本市场发育十周年上海会议上发表演讲，强调新经济所追求的目标与建立市场体制、进一步推动改革的目标高度一致，呼吁大家重新认识新经济。他指出："新经济的发展与传统产业有不同的路径，最核心的特点是，这种经济以人为本，以人的创造性和对市场的追求为源动力。"文章击中了人们内心的迫切期待，那就是对继续改革的憧憬。

最近一两年，比起看大企业的潮起潮落，我更喜欢和一些中小企业的朋友聊天。从他们那里，我往往可以看到一些"经济探照灯"忽略的角落，得到更"草根"的信息，或者说，看到更全面的中国。

这些年，对不少企业来说，历程艰难，但是大家并没有放弃希望。发展得比较好的企业，要么是有固定客户群与一些技术手段，要么是受益于国内宏观变化出现的行业短暂机会。

曾经，微信公众号"徐瑾经济人"(后改为"重要的是经济")做过一个"如何看未来中国经济"的问卷调查，截至2022年1月3日，投票人数约5850人。选择"逐步复苏"的有2055票，占35%；选择"阶梯下滑"的有2406票，占41%；选择"不知道"的有1389票，占24%。从某种意义上说，即使中国经济增速有阶梯下滑的可能，对比其他经济体，5%的增速仍旧意味着巨大的机会。

从2021年开始，全球网络访问量最大的公司不再是过去由搜索引擎起家的谷歌，而是短视频应用TikTok（抖音海外版）。这一数据来自美国科技公司CloudFlare（科赋锐）。对这个新闻的解读有很多，但是在其背后，中国企业的竞争力显而易见。过去10年，中国移动互联网企业的弯道超车已经证明中国企业的智慧以及强大的客户群足以打造世界级的企业，如果能延续这一趋势，不出20年的时间，足以培育出一两代中产以及更多的世界顶尖企业。

问题在于，经济趋势往往并不会自我圆满，一如历史的走向，往往不以人的愿望为转移。

保持乐观

"这个世界，会变好吗？"

每逢转折时代，我们都会面临这样的灵魂拷问。这不是新

前言

问题,而是一个老问题。一百多年前,思想大师梁漱溟的父亲梁济,如此发问梁漱溟。那是 1918 年 11 月 7 日,当时梁漱溟 25 岁,少年得志,已经以《究元决疑论》获得蔡元培的赏识,成为北京大学的老师。那日,梁漱溟与梁济谈及当时甚是热门的欧洲"一战"时事。梁漱溟当时的回答是这样的:"我相信世界是一天一天往好里去的。"

2019 年,在当时的微信公众号"徐瑾经济人"的年度展望中,我就聊过这个故事的上半段,并在结尾安慰读者:"即使 2019 年被认为是周期谷底,我们还是可以仰望一下星空,回望历史,想象未来。"就个人而言,我很喜欢这个真实故事的隐喻意味,在本书第五部分也谈到了这个故事的另一半。这个故事体现了生命中两种本质情感的纠缠:希望与绝望并存,生与死的赛跑。

时代或者历史,自有其出人意料的一面。几年过去,一切恍如隔世,我们应该如何面对?

更长远地比较,当下对比很多历史时刻,到底是"小巫见大巫"。比如人类遭受了第一次世界大战以及经济大萧条的打击,经历了史上最黑暗的时代——但即使在这样的黑暗中,经济学大师凯恩斯却仍能看到更光明的未来,做出了当时最乐观的预言:如果不发生大规模的战争、没有大规模的人口增长,那么经济问题将可能在 100 年内得到解决。

互联网流行一句话,"悲观者永远正确,乐观者往往成功"。比起同时代的经济学同行,凯恩斯开创了宏观经济学,他成功得多。而且，他对于未来的乐观，即使未必完全准确，却也比同时代的一些同行更正确。

更重要的是，他的乐观并不是耽于空想，而是给人力量，让人反思。站在今天来看，身处后疫情时代的我们，渴望在软阶层时代"跃变"，渴望在节点翻篇，但是一切似乎都在提醒我们，成年人的世界没有"容易"二字，一切都可能没有变化，我们仍旧在时代的"三峡"之中挣扎求存。站在历史的"三峡"中，目睹波涛汹涌，我们不得不对自己说，我们都有光明的未来。

在不少人制造焦虑的时代，也需要有人传播乐观情绪——对软阶层而言，对未来做好理性预期的同时，仍有必要充满希望。甚至可以说，没有这样的自我安慰，也许就没有继续前进的勇气，也没有继续前行的动力。

我越来越认为，面对未来，也许悲观是一种情绪判断，而乐观则是一种坚强选择——这意味着，我们即使无法改变世界，但仍可以选择通过改变我们的世界观来改变未来。

与诸位共勉。

徐瑾

2025年4月

01 趋势
全球软阶层时代到来

当全球中产还在庆幸自己的好运与成功时,却突然发现自己的阶层地位是如此脆弱,甚至连保住这样的地位都力不从心。软阶层时代的到来有其必然性,但也孕育着完全不同的社会政治冲突及其撕裂。

幸福与德行的诀窍是爱好你非干不可的事,一切条件设置的目标都是让人们喜欢他们无法逃避的社会命运。

——英国作家　阿道司·赫胥黎(Aldous Huxley)

《美丽新世界》

有些事永远不会变,有些事却会变。

——电影《黑客帝国》

巨变时代：软阶层登场

如果我们的时代有主题，那么唯一的主题就是变化。

一成不变成为往昔，不断漂移成为新景观，在中国尤其如此。欧美数百年的社会演化在中国不过数十年就完成了，在中国人一往无前的历史进程中，一切都在高速时空中挤压、整合、创造、变形，无论是现实与观念，还是人与社会。

世界确实在变"平"。一方面，表面上普通人可以与世界无限连接；另一方面，大家却发现"玻璃"间隔无处不在，从政治、经济到职业体验、观点表达。这是所有人"在线"的时代，也是所有人成为孤岛的时代。

2008年金融危机之际，历数国际上的"占领华尔街"运动与中国的"四万亿元"计划，21世纪初的判断显然过于乐观，昔日光辉灿烂的全球化局面日益展现出其阴翳之处。如何定义我们身处的时代？中国刚刚获得中产阶层身份的几亿人突然发现自己的地位如此脆弱。

纵观世界，社会贫富差距加大、阶层鸿沟重新成为关注焦点。几乎全世界的年轻人都在抱怨工作难找，这是年轻人力资本最为廉价又迅速折旧的一代，媒体包装的所谓"90后"创业明星，只是咖啡表面的零星奶沫。

西方国家民粹主义卷土重来，孤立主义之下英国脱欧、特朗普上台等黑天鹅事件连续出现。就经济而言，增速放缓，保护主义滋长，公共债务越发积重难返，人工智能对于不少白领劳动者来说只是噩耗。

中国等新兴市场国家加入全球市场，迅速造就了一个新的中产阶层（或者中等收入群体），这一度引发未来社会是中产阶层社会的畅想。如今风向标变了，全球的中产阶层收入增长停滞，生活失去指引，"脆弱的中产"越来越多。虽然很多人不愿意承认自己的阶层定位，但事实上中国至少有数亿中等收入者，一、二线城市的很多人属于这一群体。很多事实上的中产阶层者对这一定位的拒绝承认，正揭示了这种地位的脆弱性，这是一个随时有可能向下滑落的阶层。

20世纪初，英国的一个课题组绘制了2015年的财富地图。按照他们的估算，如果中国经济表现一如既往，那么届时中国将拥有27%的世界财富，这一比例甚至超过中国历史上最为辉煌的朝代。就此，我曾评论，繁荣的前提是市场开放与货币稳健，如果缺乏合理的自由经济制度支撑，运气再好，或许也只能是一种美好的想象。

如今这一时刻已经到来，繁荣似乎近在眼前，中国已经成为世界第二大经济体，但在日新月异的楼市价格面前，新的财富分配正在发酵。全球化也遭遇了逆风，无论是英国脱欧、美国特朗普上台，还是中美贸易摩擦，金融危机之前新自由主义领衔的全球化黄金时代都已成为过去。

美国"左派"旗手如诺姆·乔姆斯基（Noam Chomsky）

谴责全球化的异化："你能去欧洲旅游，这就是全球化，有谁会反对这件事呢？问题是，应该用什么样的形式来进行全球化？应该用有利于资本和权力的方式来设计全球化的机制呢，还是应该用有利于普通民众的方式来设计？"[1] 即使是曾经全力支持全球化与市场经济多年的英国《金融时报》(Financial Times)首席评论员马丁·沃尔夫 (Martin Wolf)，近年来也多次发出警告，自由民主制与全球资本主义的联姻正面临危机，不加以经营会导致公民投票的独裁或富豪统治的崛起。[2]

在全球不平等与贫富不均状况加剧的背景下，中国刚刚成为中等收入群体的人们，发现自己位置尴尬。这一阶层，我将其称为"软阶层"。

谈到这里，也许有人会问，软阶层和中产阶层有什么区别？比较而言，中产阶层往往是一个静态概念，收入、职业等达到一定的标准即可以被看作中产阶层；软阶层更像是一个动态概念，我将其定义为未来阶层可能下滑的城市中等收入群体，当下他们可能是中产阶层，也可能不是，但重点在于未来他们的阶层地位将面临很大的下滑压力。

至于中等收入群体，它和中产阶层有重叠的地方，但更多地侧重经济收入，而非政治地位与社会资本。

---

[1] 方可成：《诺姆·乔姆斯基："最伟大的国家"没有任何意义》，载《时尚先生》2016年第9期。

[2] ［英］马丁·沃尔夫：《资本主义与民主：压力正在显现》，载《金融时报》2016年第8期。

那么，软阶层到底意味着什么？

古代典籍《广韵》中写道："软，柔也。"软与硬相对，软，意味着根基不稳，也意味着向下滑落。其实，软阶层能否维持体面的中产阶层地位，很大程度上并不取决于他们自身的努力。时代大潮滚滚向前，面对这样的潮流，逆潮流的个人努力显得更加艰难。一方面，在这个时代，阶层跃升的窗口没有被完全锁死，仍旧存在机会空间；但另一方面，软阶层普遍处于流动停滞与欲上不能的脆弱状态，随时可能从自身阶层跌落。换言之，每个人都局限于自己的阶层，向上攀升的可能性在减小，一不留神还可能往下坠落。

与传统的"阶层固化""阶层流动"概念不同，软阶层的概念强调的是，即使是社会中那些足够幸运、足够能干的人跃升到了中产阶层，他们的地位却不稳固，稳定的阶层类似于梦想。不少人将软阶层社会理解为阶层固化社会，这其实是一种误解，软阶层并不意味着可以坐稳中产的位置，你也许对当下阶层不满，力图向上攀爬，但一不小心，你就会滑出当下阶层，继续向下。

中国与西方在阶层流动话题上的本质不同在于，中国的阶层向上流动与阶层跃升其实发生在近一两代人身上甚至最近二三十年内。软阶层的"软"在于根基不稳，流沙一般的阶层，兴起迅猛，消亡亦是；看起来数量庞大，其实缺乏认同感与凝聚力；看起来个人主义与消费主义引领了一切，其实软阶层所拥有的只是当下的财富，而这更多是时代造就的，这一财富基础并不稳定，

01 趋势：全球软阶层时代到来

其增长势头甚至会随着时代变迁而减弱。

这将导致什么后果？一方面，软阶层并没有得到应有的待遇。中国的阶层待遇主要取决于收入、权力与财富。阶层不同，待遇迥异，有些权利并没有跨越阶层地被给予或得到保护。另一方面，软阶层很容易再度滑落。由于缺乏基本的公共安全网络，该阶层人群的福利完全取决于自己的收入与财富，而收入与财富又处在大幅的、双向的变动之中，不再像以前那样只有一个"向上"的方向，一旦收入或者财富的上升趋势被逆转，软阶层刚刚争取到的待遇就会随风飘散。

这样的软阶层人群，体现出以下一些基本特征：[①]

1. 总觉得收入拖当地平均收入后腿。
2. 即使收入进账不错，但支付完房贷、家用等固定开支之后所剩无几。
3. 职业生涯进入疲惫瓶颈期，想认命却不敢认命，期待奇迹翻盘。
4. 对移民等话题很关心，却有心无力。
5. 虽然孩子生活的环境比自己当年好得多，但仍旧感觉养育类似一场力不从心的军备竞赛。
6. 自己不敢生病，祈祷老人身体健康。
7. 缺少家庭生活，总觉得不是在上班就是在上班

---

① 部分内容来自网络与微信公众号"重要的是经济"(曾用名"徐瑾经济人")社群朋友补充。

的路上。

8. 每遇政策变化、股市震荡，就会对家庭财富的积累以及未来产生焦虑。
9. 想做一些冒险的尝试，但不敢。
10. 没有结婚时，常常恐婚、恐育，觉得幸福离自己很遥远。

对照上面的十个特征，不少人觉得"心有戚戚焉"，甚至还有不少人表示以上特征"全中"。不久的未来，就阶层而言，会出现一个日益庞大的新阶层，即软阶层，广大中产阶层可能是这个软阶层的后备军。随着软阶层群体的扩大，我们必然迎来一个软阶层时代。就社会结构而言，我们在迎来一个新阶层逐渐固化的社会前，会出现软阶层社会作为中间状态。

软阶层概念被提出后，得到了不少媒体的关注。《中国税务》的一则报道如此总结：

> 一个微博和朋友圈中很火的词——"软阶层"，加剧了王绘（北京一家广告公司的员工）的焦虑。这是FT中文网的一位专栏作家提出的一个新概念，就是说我们虽然过着有房、有车、有一定存款的相对中产生活，但这种生活水平并没有固定下来；相反，由于各种必要的社会保障体系还没有形成，这个群体随时有可能失去现在的安逸生活。

01 趋势：全球软阶层时代到来

报道的主人公王绘觉得"软阶层"这个词"扎心"了："是啊，也许因一场大病，或是一场裁员，自己的生活就会陷入窘迫。"[1]

软阶层涌现意味着什么？至少有三层含义。

首先，就阶层而言，软阶层是一个新阶层，一个更脆弱的阶层。这一群体主要由中等收入人群组成。软阶层的软，体现为可能的财富锐减，机遇的弱化，稳定工作的消失，更有可能体现为经济收缩、权利减少。什么人属于软阶层？显而易见，大量中产阶层的人都属于软阶层或者软阶层预备军，向上的"天花板"日渐迫近，越来越难突破，而脚下的地基则太软，很容易塌陷，因此中产阶层的人很容易跌落为软阶层。

其次，就时代而言，进入软阶层时代本身就是一种新变化。在软阶层时代，无力改变现实的境况让多数人面临心态调整。"软"更多地代表了他们的处境，即面对变化或者负面冲击时无力改变的疲软状态。"软"主要体现为无力对抗风险，随时有可能陷到更坏的状况，中产阶层的不少人会感觉维持中产身份与生活质量越来越难，少部分富裕群体也可能面临破产的局面。当发现焦虑无济于事后，越来越多的人会认同软阶层定位，并安于甚至拥抱这样的无力感。

最后，就社会层面而言，软阶层社会也是一个新的社会结

---

[1] 刘威威、黄诗睿、黄品涵、刘珂：《个税来了百姓啥感受？》，载《中国税务》2019 年第 1 期。

构。它既与由中产占多数的坚固橄榄型社会相对应，也与绝对阶层固化社会相对应，是一个新的中间状态。

软阶层社会具有一些典型特征。

第一，与由中产占多数的橄榄型社会对应，软阶层社会更类似于 S 型社会，也就是社会结构两头大中间小。除了上层阶层之外，下层阶层越来越多，中间阶层日渐薄弱。中产社会往往被认为是坚固的橄榄型社会，而软阶层社会的生存环境就如同沼泽一般，随时陷入底层的威胁始终存在。

在一个发展成熟的社会，也许会强调阶层流动，但其实阶层固化是相对比较严重的，这其实是不少发达国家的状况；而一个处于发展初期的社会，处在不断搅拌的过程中，阶层其实不太固定，这就是中国过去的状况。而软阶层社会，可以被看作由后一种状态向前一种状态过渡的中间状态。在这个阶段，原本依靠奋斗与时代助力可以轻易取得的阶层提升可能会出现停滞甚至下滑。

软阶层的规模将不断扩大，昔日阶层跃升的成蝶梦想来不及实现，只能继续做"毛毛虫"或者躲在茧房中，明日希望如等待戈多一般越来越渺茫。

第二，在软阶层社会中，社会流动并没有完全固化，而是日渐放缓，对于这个社会的主流群体而言，阶层向上的通道日渐狭窄，而阶层向下的通道日渐"通透"。所谓"软"，是相对于刚性的阶层固化，也就是阶层的向上通道没有完全封闭，不过已经不会出现如往昔那般集体向上的景象。多数人都困在自我的阶层中,如同置身于黏稠的液体之中。平心而论,当前社会仍旧处在搅拌之中,社会流动性相比国外稍好,但是阶层流动已经变缓,多数人陷入认命或不认命的两种不同焦虑中,"不上不下"成为新常态。

软阶层形成的原因是什么?是由社会流动变缓所致,反过来,软阶层的形成也会促成社会结构的两极化和其自身的脆弱化。这不仅是中国的情况,也是全球经济环境变迁的结果,人和企业以及行业的关系发生了变化。

在工业经济时代,依靠人力资本(本事与努力),个人有很大的机会可以实现人生梦想,实现阶层跃升,农村孩子可成为一线城市的中产,如BAT(百度、阿里巴巴、腾讯)程序员年薪可达百万元,甚至还有各种亿万造富神话,那是一个中国经济狂飙猛进的时代。

未来,中国将进入知识经济时代,经济增速降低,资产价格去泡沫化开始,社会上实现阶层跃升的机会减少,更重要的是,未来的机遇正在变少,比如软阶层主力,即现有的中产阶层会发现,维持中产阶层的身份与生活质量越来越难——收入增速降低,而生活成本增高。

换言之,软阶层社会技术取代了土地,科技巨头取代了地主,拥有少量核心技术的公司和个体可能如鱼得水,但是多数人以及行业将面临被"收割"的风险。面对这样的境况,不少人无能为力,这是软阶层的软肋,也是其痛点。

阶层重回视野

巨变之中,阶层这个"幽灵"重新回到社会大众的视野中。

"阶层"一词,在"阶层固化""寒门难出贵子"等热门话题中频频出现。阶层是什么?它和金钱有关,但是绝不仅仅只关乎金钱,它是关于社会彼此识别和认同的整体结构。换言之,阶层是我们在社会中的位置,或者说,是社会看待我们的方式。

阶层在前现代主要由出身决定。虽然那时也存在社会流动,但整体速度相对缓慢。随着现代社会的来临,社会流动性大为增加,阶层不再一成不变。法国社会学家皮埃尔·布尔迪厄(Pierre Bourdieu)在他的《区分:判断力的社会批判》一书中,将资本理解为一种积累的劳动,"这种劳动同时以物质化和身体化的形式被积累下来"[1],有着增殖冲动与可能。他将资本分为三大形态:经济资本、社会资本和文化资本。

经济资本最为明显有效,社会资本体现了社交关系网络的价值,文化资本则最为微妙。三种资本都可以传递,但是它们在个人身上却有不同的体现,比如,大家看不起暴发户,却对老贵族青眼有加,认为其身上复杂的文化资本包括外在的言谈与教育,还有内在的精神与品位等。

---

[1] [法]皮埃尔·布尔迪厄:《区分:判断力的社会批判》,刘晖译,商务印书馆2015年版。

01 趋势：全球软阶层时代到来

不可否认，改革开放以来的"野心时代"已经过去，时代进入新常态，在这个时代谋生容易，发达困难，向上的阶梯虽然存在，但是逐渐狭窄；社会流动仍旧存在，但是流动趋势不是从下到上，而是平行趋势，或者是从上到下的。

软阶层时代，可能是"不上不下"的停滞时代。中产阶层在过去高歌猛进、意气风发的日子里，享受了全球最高的经济增长率与最多的可能性，这其实得益于中国的后发优势，也得益于中国在全球化中的持续分红。中产阶层的形成，可谓重新填补了改革开放以来的一片关于中等收入群体的空白区域（此前这片区域曾经存在过），数亿中国人从赤贫区域涌入这片区域。随着社会规范形成，他们发现，自己曾经拥有的机遇窗口已经关闭，甚至要继续保持这样的社会生态地位也变得极为困难，昔日中产可能成为软阶层诞生的化肥和土壤。

中产的标准不下百种。在俄罗斯，能够买得起大众电器的人就算中产；在其他一些国家，每天消费2~20美元的人就是中产；但是在中国，一线城市的中产自认为除了考虑收入之外，还要求有两套房，对照北京和上海的房价来看，中产就是铁定的千万富翁。如此高的中产门槛，其实是焦虑的外化，中产所做的全部努力的根本目的是自己的下一代能和自己享受一样的社会地位。昔日高高在上的都市白领，即使年收入二三十万元，在他们自己眼中也不过是"新穷人"，月收入3万元左右却没法让孩子好好过暑假之类的新闻折射出的是一种焦虑情绪。

"我5岁了，我上的某某幼儿园国际班，我作为某某大学二代,希望青出于蓝而胜于蓝。"这是不少城市重点小学申请书的标准格式,精美的PPT(演示文稿)上,除常规的兴趣爱好之外,往往还会有长长的中英文阅读书单,甚至令很多成年人汗颜。不用说,这是孩子们的中产父母殚精竭虑的"作品"。更不用提各种家长群里明里暗里的较劲。

对比中产阶层父母的焦虑,上流阶层的父母普遍相对淡定,他们知道教育只对某些人不可或缺。也就是说,对于其所在的阶层而言,孩子确实不必一定要上名牌大学,无须如城市大部分中等收入群体那般,让孩子从胎教开始比拼。越是发达地区,软阶层对教育的焦虑就越明显。根据《2018年十大家长辅导作业"后遗症"》报告,我国超过七成的小学生家长每天下班之后辅导孩子的时间超过2个小时,其中,上海地区有35%的家长每天辅导孩子的时间在5个小时以上,被评为全国"最勤奋家长"。[1]

不少企业家曾对我说,孩子喜欢学什么就让他们学什么,因为他们知道逼孩子努力,比逼自己努力有效。反过来说,处于尴尬境地的软阶层之所以如此焦虑于子女教育,也是因为他们认为逼孩子努力最有效。

这听起来有些卑微,却是现实。不说底层,即便是脆弱的中产阶层,看起来岁月静好,其实多数也属于软阶层,而且即使是上流阶层也没有想象中那么安全。如果不理解我们的时代,

---

[1] 小猿口算、丁香医生:《2018年广大家长辅导作业"后遗症"》,载微信公众号"猿辅导",2019年1月26日,见 https://baijiahao.baidu.com/s?id=1623338120853796831&wfr=spider&for=pc。

上流社会可能会往下走，底层社会群体的权利可能继续受到挑战。对于一线城市以及各类准一线城市的民众来说，即使充满竞争，大家也习惯如此，大城市机会也许有所减少，但始终是相对丰富的世界；对于二、三线城市来说，今天看起来还算稳定的生活，却很可能在技术以及经济冲击下充满变数。

你所拥有的一切，并不像你想象中那般稳定。

全球中产阶层的萎靡

软阶层社会或者说 S 型社会，最大的特征之一是阶层向上的通道相对狭窄，其直接后果是中产阶层的萎缩。如前所言，所谓中产阶层，其实就是占社会绝大多数的中等收入群体。中产不仅是现代社会变迁中的稳定剂，也是最敏感的群体。如何定义中产，有不同的标准。国际社会标准宽松，日均收入在 10 美元以上的人几乎都算；也有根据人口收入的中位数来计算的，核心中产的收入往往被定义为中位数的一定比例，比如美国是中位数 2/3~2 倍的家庭收入。此外，稳定收入以及所受教育程度也被考虑在内。根据美国独立研究机构皮尤研究中心 2015 年的研究，全球中产阶层的规模和富裕程度低于预期。如果把日均收入超过 50 美元作为收入分界线，处于这一收入水平之上的 87% 的人生活在欧洲和北美洲（其余 1% 在非洲，4% 在南美洲，8% 在亚洲和南太平洋地区）。但是在金融危机后，美国这一收入人口的比例从 2001 年的 58% 下降到 2011 年的 56%。

从全球看，阶层变化之下，财富也进一步聚集在少数人手中，中产人数增长萎靡。投资银行瑞士信贷《2017 年全球财富报告》揭示，全球最富有的前 1% 的群体拥有的总财富首次超过全球总财富的一半。其中，拥有财富超过 100 万美元的成年人共有 3600 万人，不仅数量是 2000 年的 3 倍，而且其财富占比也在增加。他们的人数只占成年人总数的 0.7%，其财富总额却高达 128.7 万亿美元，占全球总财富的 45.9%。对比之下，个人财富在 1 万美元以下的成年人共有 34.74 亿人，占全球成年人总数的 70%，其财富共计 7.6 万亿美元，仅占全球总财富的 2.7%。

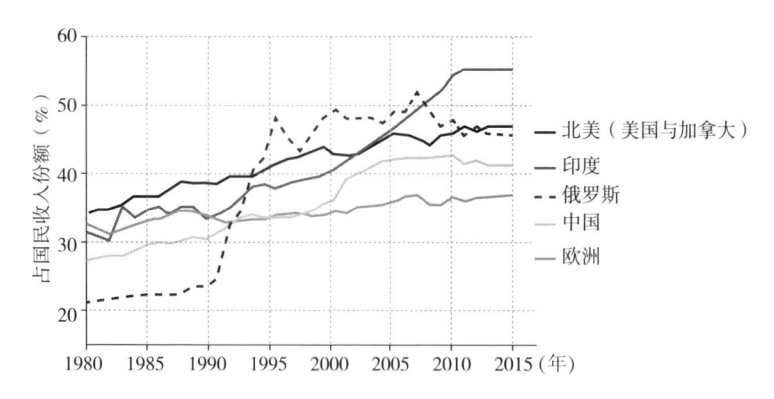

图 1.1　世界几大国家和地区收入位于前 10% 的国民收入份额变化

资料来源：世界不平等研究机构，《2015 年世界不平等报告》。

如图 1.1 所示，世界不平等研究机构（World Inequality

Lab）发布的《2015年世界不平等研究报告》也得出了类似结论。该图显示了1980—2015年，世界几大国家和地区收入位于前10%的国民收入份额变化，可以看出，大部分国家的收入差距呈现扩大趋势，但扩大幅度各有不同：印度恶化情况最严重，目前处于收入最不平等国家之列；俄罗斯在苏联解体之后经历了急剧的收入不平等飙升，近些年则有所缓和；欧洲的收入不平等程度持续小幅攀升；北美与欧洲类似，但其整体收入不平等程度远高于欧洲；中国的收入不平等程度先加大，后趋于平稳。

事实上，欧美国家贫富不均的恶化状况已经持续了近50年。从更长时段来分析，1980年是一个重要的转折点。根据经济学家托马斯·皮凯蒂（Thomas Piketty）汇集的数据，美国收入位于前10%的人群总收入占美国国民收入的比重从1910—1920年的45%～50%下降到20世纪50年代的35%以下，这代表着贫富不均状况的改善，也呼应了美国数十年平权运动——从20世纪30年代的罗斯福新政到20世纪60年代民主党政府的福利国家试验。但从20世纪80年代开始，美国贫富不均情况恶化，前10%的人群总收入占美国国民收入的比重从20世纪80年代的不足35%上升到2000—2010年的45%～50%（见图1.2）。

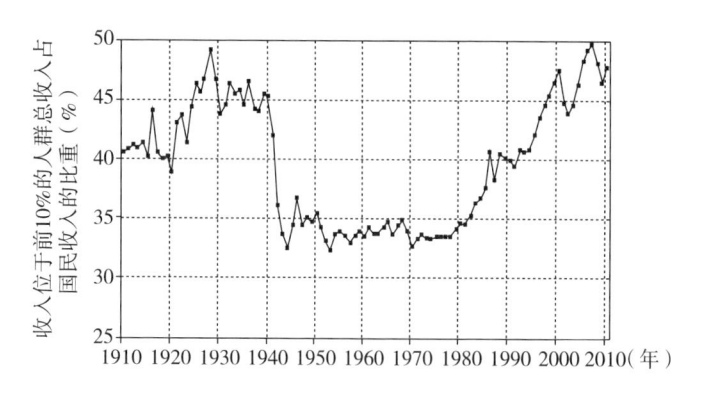

图 1.2　1910—2010 年美国收入不平等程度变化情况

资料来源：托马斯·皮凯蒂，《21 世纪资本论》。[①]

贫富不均的情况为何恶化？托马斯·皮凯蒂认为，这主要是因为资本回报率显著高于经济增长率。他将经济投入分为两个基本要素：资本和劳动力。这两者都被用于生产并分享产出的收益。资本可以出售，也可以无限累积，劳动力可获得报酬，但不能被别人拥有。通过对 18 世纪工业革命至 2010 年两百余年的财富分配数据进行分析，托马斯·皮凯蒂发现，资本回报率一般而言高于经济增长率，平均来说，资本回报率维持在每年 4%～5%，而 GDP（国内生产总值）每年增长 1%～2%。这意味着，靠劳动力的人和靠资本的人面临的升值空间完全不同。5% 的资本回报率意味着每 14 年财富就能翻一番，而 2% 的经

[①] ［法］托马斯·皮凯蒂：《21 世纪资本论》，巴曙松等译，中信出版社 2014 年版。

济增长率则意味着经济规模翻一番需要35年。100年内,有资本的人的财富增长为128倍,而整体经济规模只增长了8倍。这样,贫富不均就产生了。不过,这一理论无法解释1980年之前美国贫富不均状况的改善,也与资本利润占GDP比例越来越低这一现象不吻合。

事实上,收入分配的规律因历史阶段不同而不同,大体上可以分为三个阶段:工业革命时代、工业经济时代和后工业时代。最近40年来欧美收入不平等状况的恶化,主要是经济进入后工业时代的产物:在这个时代,不均等的社会资本分配决定了不均等的收入分布。

在工业革命时代,资本稀缺,资本回报率很高。这个阶段大致是从工业革命爆发开始到经济大萧条结束。在这个阶段,很多国家往往也对应着刘易斯拐点之前的高速城市化阶段。刘易斯拐点是美国发展经济学家威廉·阿瑟·刘易斯(William Arthur Lewis)提出的一个概念。他指出,在工业化、城市化的初期阶段,农村存在着很多闲置劳动力,由于农村土地有限,在一定的技术条件下,只能容纳一定数量的农业劳动力。当农业中投入的劳动力饱和之后,再增加投入,产出很难得到提高。在这种情况下,那些闲置劳动力的边际产出约等于零。随着工业化、城市化的进行,这些农村闲置劳动力迁往城市,由于他们在农村的边际产出很低,在城市却能拥有更高的收入,因此城市对他们来说具有莫大的吸引力。在这种情况下,在城市各行各业需要增加雇佣人手的时候,往往不需要太高工资就可以招聘到足够的打工者。于是，在资本相对稀缺的情况下，资本获得了扩大生产、经济发展带来的大部分好处。这个阶段的收入分配，大体上可以称为资本分配占优原则：谁有资本，谁有利。

狄更斯的《雾都孤儿》、马克思的《资本论》描述的都是这个阶段，对美国而言，是从美国南北战争结束到1929年经济大萧条。在这个历史阶段中，劳动阶级的悲惨状况、资本家的骄横暴富，不知引发了多少社会义愤。也正是这种不公平感，催生了贯穿19世纪和20世纪社会阶层分裂与剧烈斗争的主导力量。

工业革命时代之后是工业经济时代，大致对应着经济大萧条之后直到20世纪70年代的长时间段。在这个阶段，城市化进程大体完成，劳动力结构渡过刘易斯拐点，农村闲置劳动力转移完成，工业革命时代积累的资本已经得到了极大的丰富，每单位劳动装备的资本数量大幅提升。资本开始寻找利润机会，而它们发现的每一个机会，都必须以更高的工资雇佣人手才能实现。劳动力与资本的实力对比开始有利于劳动力。虽然资本数量（相对于经济规模而言）越来越多，但它的回报率却越来越低，以至于资本获得的回报，也就是利润的占比并不是一路走高，反而是一路走低。工会势力开始壮大，社会平权运动声势浩大。这个阶段的收入分配完全不同于上个阶段，人力资本的重要性空前提升，这可以称为人力资本占优原则：谁的人力资本高，谁有利。

在美国，这对应着 20 世纪经济大萧条及第二次世界大战之后的婴儿潮一代，直到 1980 年婴儿潮退潮。这个阶段大体上完成了高等教育普及、城市化与知识传播的普及。这一历史进程缩小了穷人与富人在人力资本上的巨大差距，也实现了收入不平等程度的降低。

第三个阶段则是后工业时代，对应着 20 世纪 80 年代之后直到现在。1973 年，美国社会学家丹尼尔·贝尔（Daniel Bell）的《后工业社会的来临：对社会预测的一项探索》正式出版。他在书中首次提出"后工业社会"这一概念，并且预测其即将来临，随后美国进入后工业社会，以制造业为核心的工业不再是经济发展的主要力量，知识经济开始崛起。

后工业时代的第一个影响是，人力资本均等化速度降低或者停滞，富人与穷人在人力资本上的差距大致维持在原有水平上，该阶段没有像上个阶段那样继续有利于人力资本鸿沟的收窄。

但更重要的影响还不在此。知识经济崛起之后，人力资本的网络效应开始大幅上升。知识社会来临，人际网络对个人收入的影响远大于在工业经济时代——在工业经济时代，拥有一技之长，而不是社会关系，对大部分人来说更加重要。而到了知识经济时代，同等人力资本的人可以因为拥有不同的人际网络而在社会地位与经济收入上出现巨大差距。更加重要的是，在知识经济时代，人际网络的幂律分布[①]特征更加突出，导致拥有更多人际网络联系的个人获得了与其人力资本不成比例的高收入。

人际网络的幂律是指社会中每个人都与数量不等的人相联系，而拥有很多联系的人的数量是很少的，大多数人都只拥有较少的联系。例如，像百度这样的大网站的点击率，可能是一些小网站的点击率的上亿倍；一个企业家认识的人的数量，可能是一个IT工程师的100倍。

因此，在知识经济时代，收入分配的原则被再次改写，网络效应的重要性空前凸显，可以称之为网络效应占优原则：谁拥有网络，谁有利。

在网络效应占优原则之下，商业获得的成功也以更快的速度、更高的级别体现为财富。在工业经济时代，成立于1867年的卡内基钢铁公司经过50年的发展，在数次合并与收购之后，于1917年成为美国最大的企业之一；成立于1908年的通用汽车公司经过42年的发展，于1950年成为美国最大的企业之一。进入知识经济时代，企业发展的节奏骤然加快：成立于1975年的微软公司，仅用了24年就成为美国最大的企业之一；成立于1998年的谷歌公司，只用了14年就成为全球市值第二的公司。

个人财富的蹿升速度也同步升级。2004年，年仅20岁的

[①] 经济学家帕累托在19世纪的意大利，发现极少数的富人赚走了绝大部分的钱，大部分家庭的收入都很低，基于这个发现，后提出"幂律分布"。

01 趋势：全球软阶层时代到来

哈佛大学学生马克·扎克伯格（Mark Zuckerberg）创立脸书公司（Facebook，2021年10月28日更名为Meta），14年之后他的身家高达816亿美元，成为世界第三富有的人。

对于发达国家的穷人来说，网络效应对他们不利，全球化的飞速发展更是雪上加霜。中国开始改革开放、"冷战"结束等一系列历史事件令全球化骤然加速，中国等人口大国加入全球产业链，极低的人力成本与发达国家人力成本相较优势明显。尤其是在1997年东南亚金融危机以及2001年中国加入世界贸易组织之后，东亚出口联盟以前所未有的优势与规模占领了发达国家的传统制造业领地，这些国家的产业工人等可替代性强的人群承受了最大的相对损失。典型的就是美国制造业岗位数量自21世纪以来减少了29%，民间的不满情绪可想而知。欧洲也不例外，早在2016年，国际劳工组织就在《欧洲正在消失的中产阶级》中指出，2004—2011年，欧洲的中产阶层人数减少了2.3%（欧洲对核心中产阶层的定义与美国稍有不同，即收入介于人口平均收入中位数的80%~120%的群体，代表了23%~40%的欧洲家庭）。

后工业时代与全球化的结合，使得发达国家的贫富鸿沟迅速加深。即使在推崇追求梦想的美国，财富重新分配规律也在发生重大变化。从整个20世纪来看，在大部分情况下，财富是从富人流向穷人，但是从1980年开始，财富开始从穷人流向富人。除了中产的萎缩，在中下阶层甚至还出现大量"负财富"的群体。这意味着在美国，大概一半人口的累积财富为零（见图1.3）。

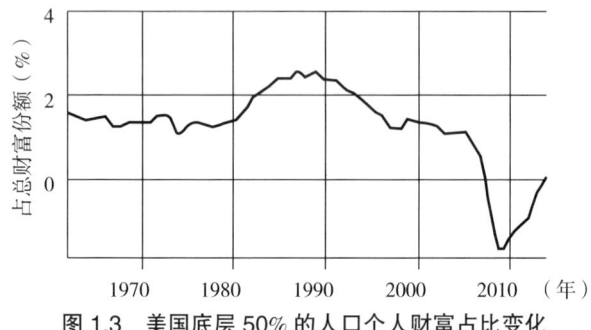

图 1.3 美国底层 50% 的人口个人财富占比变化

资料来源：奥勒·彼得斯，《财富：再分配与利率》。①

2008 年的金融危机使上述情况进一步恶化。金融危机之后，美国经济复苏的情况好于欧洲，但是中产阶层却没有同步恢复。这些年对美国中产家庭而言是"失去的十年"，中产阶层的萎缩成为普遍现象，2000—2014 年，中产阶层的规模在 90%的大城市里呈缩减态势。这期间，美国家庭实际收入中位数出现下滑，其中中产家庭的收入中位数从 77898 美元下滑至 72919 美元，跌幅为 6.83%。与此同时，低收入群体与高收入群体则出现人数增长，《华尔街日报》援引斯坦福大学和康奈尔大学的研究指出，居住在富人区的家庭数量增加了一倍多，1980 年的比例为 7%，2012 年为 16%。

这一现象不只在美国出现。按照《2018 年世界不平等报告》中的世界各地区收入前 10% 成年人的收入份额数据，

---

① 见 https://ergodicityeconomics.com/2017/08/14/wealth-redistribution-and-interest-rates/。

1980—2016年大部分国家的收入差距呈现扩大趋势,扩大幅度各有不同。主要国家和地区的收入前10%成年人的收入份额中,欧洲最低,为37%;中国次之,为41%;北美(美国与加拿大)为47%;中东最高,达61%。

结合上述分析,从全球视野总结一下各历史阶段人类不平等发展的时间特征,其中关系三个维度:经济、政治与社会。

从经济层面看,不平等主要分为人口、分配法则与收入的不平等。前文已经按照经济资本、人力资本和社会资本分析了分配法则的变化。

这里强调一下,从古到今,人力资本、经济资本和社会资本这三种资本都是存在的。值得注意的是,在不同时代,导致收入分配不平等的主要原因是不同的。经济资本也就是物质资本,人力资本也就是非物质资本,即体现在劳动者身上的资本。大家对这两个概念相对熟悉,我更想强调的是社会资本,结合传统定义,我在本书中将社会资本定义为:个人在社会网络中的链接丰富度及其深度,受到互惠性规范和信任的支持,以其衡量社会资本,如同通过个人拥有的知识与技能的丰富度与深度来衡量一个人的人力资本一样。

因此,全球收入不平等大概总结为三个时代。工业革命时代,主要按经济资本分配,有钱人更容易赚钱,赚钱效应具有正反馈,贫富差距拉大。随后,逐渐过渡到工业经济时代,按人力资本分配,随着教育普及以及社会改革,多数人都拥有人力资本,或者人力资本都得到了提升和应用。这个时代的资本利润的正反馈效应不明显，收入不平等状况得到改善。现在发展到知识经济时代，主要按照社会资本分配。在这个时代，人力资本和物质资本仍旧重要，但是社会资本在塑造不平等方面发挥的作用更大。随着人类社会网络资源的丰富，网络节点的长尾效应更加突出，"富者愈富"的正反馈效应再次凸显，收入差距也因此再度扩大。

就人口而言，工业革命时代使人类跃出马尔萨斯陷阱[①]，在此之前人口多是一种负担，而工业经济时代则是经济发展享受人口红利的阶段，人的价值得到体现。在知识经济时代，社会则面临人口老龄化的冲击。就收入不平等程度而言，它在工业革命时代恶化，在工业经济时代得到改善，在知识经济时代则再度恶化。

从政治层面看，应对不平等状况的主要方式就是税收，具体措施各有不同，工业革命时代税率较低，工业经济时代税率有所上升，而知识经济时代税收则面临下降的调整。

从社会层面看，收入不平等程度对应阶层分层维度。收入不平等和社会分层大概处于同步情况，即工业革命时代恶化，工业经济时代改善，知识经济时代则回归恶化状态。可见，收入不平等加剧的时代，人们对于阶层固化的感受往往也更痛苦。

---

① 马尔萨斯陷阱（Malthusian Trap），又称马尔萨斯灾难、马尔萨斯停滞，是以英国政治经济学家托马斯·罗伯特·马尔萨斯命名的理论。人口增长是按照几何级指数增长的，多增加的人口总是要以某种方式被消灭掉，人口不能超出相应的农业发展水平，该理论就被称为"马尔萨斯陷阱"。

贫富不均情况恶化的结果是什么？40多年来，美国出现一个新现象：中产阶层不再是社会的最大多数人口占比。从最广泛的中产定义来看，美国当下的中产阶层占成年人口的一半，20世纪60年代这一比例超过60%。

就工作而言，社会学家发现，当下美国年轻人的机遇并不比他们父母那一代好。以美国20世纪80年代出生的人为例，社会学家发现只有一半多的人找到的工作好于父母，而20世纪40年代出生的群体的这个占比是2/3。就收入而言，经济学家发现，这批80后中只有一半人的收入超过了父母，而在20世纪40年代出生的群体中这个比例为90%。[1]

中产阶层的价值观曾经和工作有关，当传统的工作机会丧失，中产的生活也就岌岌可危了。危机源头在于工作，但又不限于工作，正如英国《金融时报》一位专栏作家所言，我们需要的并不是那些从事重复性劳动的岗位，对中产而言最重要的是"家庭、保障和盼头"。

过去，一个人的一生只干一行甚至只服务于一家公司并不稀罕，企业组织相对稳定，发达国家整体行业则相对稳定，不仅职业限定了中产，个体也依赖于组织在社会中生存，这一环节有利于催生稳定的工薪阶层，界定其价值观以及行为模式，这也是中产阶层得以存在和立足的重要原因之一。

---

[1] 参见迈克尔·豪特2018年的一份报告，报告表明美国人的职业地位也显示了他们父母的地位；以及拉杰·切蒂等人的研究（2017）。

当下正处在一个变动的时代，个体和组织的稳定结构受到冲击，一些知识工作者的工作年限也越来越高于其公司的寿命，更不用说人工智能等新技术将重新洗牌众多行业，这意味着产业周期更替越来越快，不仅企业组织更容易消亡，行业的消亡也将日渐平常。对于个体尤其是中产而言，不仅未来的稳定预期或者升迁图景不再，中年职业转换轨道日渐增多，而且将会面临越来越大的收入中断甚至丧失职业能力的可能性。

然而，经济复苏并不能保证中产的职业稳定。这些年，美国经济的恢复速度是发达国家中最快的，但即便如此，美国中产阶层的萎缩也成为普遍现象。至于下层阶层，他们的遭遇就更为悲惨。当次贷危机爆发，美国部分贫民区的租金不仅没有降低，反而还出现上涨，因为当穷人租住的房屋被收回，他们不得不寻找新的住所，其中的逻辑类似爱尔兰大饥荒中土豆价格的上涨。

买不起房子只是一个方面，随着房租上涨，当接受高租金的穷人没有能力支付足够的租金时，等待他们的则是被扫地出门。普林斯顿大学社会学系教授马修·德斯蒙德（Matthew Desmond）曾经研究过驱逐议题，他指出，今天美国大多数贫困的租房家庭得砸超过一半的收入在"住"这件事上，至少有1/4 的家庭要用 70% 以上的收入支付房租和电费。以美国中西部的密尔沃基市为例，租房家庭不到 105000 户，每年驱逐大约共计 16000 名成人和儿童，相当于每天都有 16 个家庭经由法庭程序被驱逐。除了法院的正式程序，当地还有各种"非正式的驱逐"。据他统计，2009—2011年，密尔沃基市每8名租户中至少有1名经历过强制性搬迁。①

具有讽刺意味的是，金融危机10年之后，一边是接近800万家庭因还不起房贷被赶出家门，有人被迫卖房；另一边则是有人趁机逢低吸入房产，更不用提黑石集团（Blackstone Group）等大型机构的投资者涌入房地产市场，赚得盆满钵满。如今美国房地产市场回暖，曾经被驱逐的人群，更是与经济复苏的利益无缘。

软阶层社会意味着，中产阶层的萎缩不仅体现于人数的减少，更体现于整个社会机遇的减少。"为人父母"变成专业的事，这使父母的成就与子女的阶层流动之间显示出很大的相关性，无论是收入还是工作。

美国政治学家罗伯特·帕特南（Robert Putnam）敏锐地注意到这一问题，他意识到社会不再为所有孩子的梦想买单。②

不仅成熟的发达国家如此，被视为明日希望的发展中国家也是如此。印度曾经作为后起之秀备受关注，但是其中产阶层却迟迟没有发展起来。皮凯蒂等人指出，在1980—2014年，印度收入居前1%的人拿走了收入增长部分的近1/3，富人阶层比20世纪80年代富了10倍，但中等收入群体的收入甚至没有翻倍，《经

---

① ［美］马修·德斯蒙德：《扫地出门：美国城市的贫穷与暴利》，胡䜣谆、郑焕升译，广西师范大学出版社2017年版。
② ［美］罗伯特·帕特南：《我们的孩子：危机中的美国梦》，田雷、宋昕译，中国政法大学出版社2017年版。

济学人》杂志将印度的中产称之为"消失的中产"。此外，80%的印度人认为收入不平等是个大问题，其严重程度与腐败问题不相上下。

全球中产阶层的梦想在破裂吗？这正是本书第一部分试图深入探讨的问题，即阶层流动放缓的状况本质上是一个全球性的现象，其结果是东西方国家分别进入软阶层社会。

中国软阶层的焦虑

对比世界上的其他国家，中国这些年的情况似乎一枝独秀，在国际金融危机之后的数年里，中国贫富不均的情况非但没有恶化，反而在好转。

为什么这样说？国际上通用的衡量收入差距的基尼系数，其值介于0~1之间，基尼系数越大，表示不平等程度越高，一般超过0.5，就表示收入差距悬殊。2008年，国家统计局公布的基尼系数达到0.491，此后基本持续小幅走低（见图1.4）。同期的城乡居民收入之比、劳动者报酬占GDP比例等同步指标也都出现了改善（见图1.5）。也许数据上的变化并不明显，但是2008年之后我国收入不平等状况的改善却是具体可感的。图1.6显示了收入最高的1%人群与收入最低的50%人群占总收入的份额。中国的收入不平等变化情况可以分为两个明显的阶段。

图 1.4　中国的城乡居民收入比与居民收入基尼系数的变化

资料来源：国家统计局

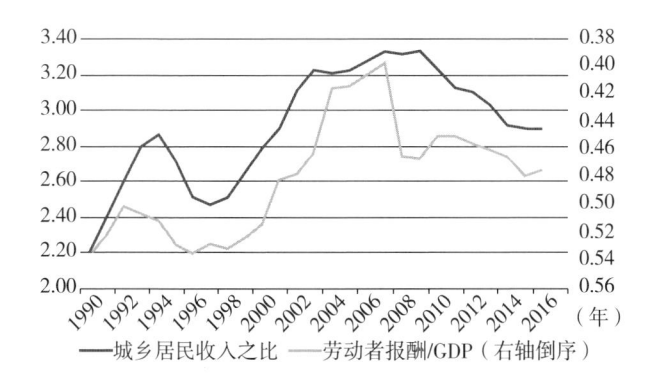

图 1.5　中国的城乡居民收入比与劳动者报酬/GDP 的变化

资料来源：国家统计局。

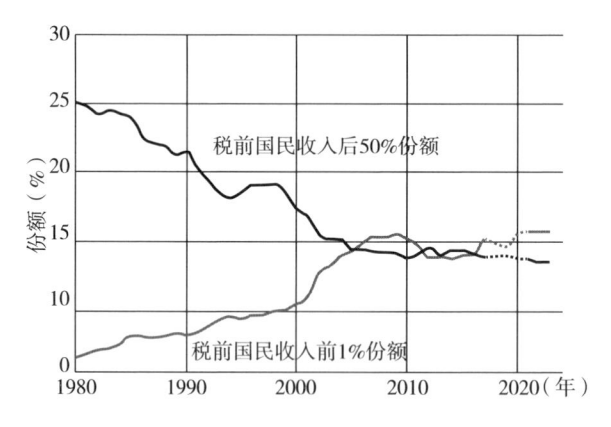

图 1.6　中国的收入不平等变化情况（1980—2014）

资料来源：世界不平等研究机构，《世界不平等报告（1980—2014）》。

第一个阶段是从改革开放到 2008 年。在这个阶段，中国收入分配不平等日益扩大。这一阶段也是中国工业化从开始、加速到完成的阶段，相当于美国从南北战争结束到经济大萧条的工业革命时代。这一阶段就业市场上的最大特征是体现了刘易斯拐点现象：工业化与城市化源源不断地从农村转移出剩余劳动力，因为这些劳动力在农村的边际产出为零，所以城市每多雇用一名工人，不需要付更高的工资，经济快速增长的蛋糕中，有更大的份额由资本获得。从数据来看，这个阶段工薪所得占 GDP 的比例持续下滑，从 1990 年的 55% 左右降到 2007 年的最低点 40%，同期企业利润占 GDP 的比例则持续上升。这个阶段的城市化、教育平权、人力资本提升等趋势起到了抵消作用，但综合而言，收入不平等情况十分严重，体现为城乡不平等、地区不平等与行业不平等，相应的基尼系数从 2004 年的 0.473 上升到 2008 年的 0.491（2004 年之前没有数据，但城镇居民与农村居民人均收入之比从 1990 年的 2.20 上升到 2004 年的 3.20，可以印证该时期收入不平等的扩大趋势）。

第二个阶段是从 2008 年到 2017 年，中国进入工业经济时代。在这个阶段，中国收入分配不平等情况好转。2007 年之后中国越过刘易斯拐点，以农民工为代表的低收入阶层的薪资收入以远快于 GDP 增长的速度增长，工薪所得占 GDP 的比例持续上升，这成了收入分配不平等情况改善的最大动力。城镇居民与农村居民人均收入之比从 2008 年的 3.31 降到 2016 年的 2.90，基尼系数从 2008 年的 0.491 降到 2015 年的 0.462。劳动收入份额的上升，以及伴随的资本所得（营业盈余）占比的降低，缓解了由于资本占有量差距导致的劳动者收入不均等的问题。在这个阶段，人力资本报酬变得更加重要，收入也按照人力资本的多少进行分配，改善了整体收入不平等状况。

不论是在第一个阶段（收入不平等扩大），还是在第二个阶段（收入不平等改善），伴随着中国经济快速增长、经济结构迅速升级迭代、人均收入急速上升，中国整体上经历了大规模的阶层跃升。大量农村人口迁徙到三、四线城市，大量毕业生留在一、二线城市，城市化进程大致来说就是阶层变化的过程。改革开放不仅重新带来了市场经济，请回了企业家，也重新催生了中产阶层。

这样，在历史上的旧社会中产消失多年后，中国终于出现了庞大的新中产阶层。如果从财富来看，瑞士信贷银行股份有限公司（Credit Suisse AG，以下简称瑞信）在 2015 年以拥有 5~50 万美元的财富作为标准，估算出中国有 1.09 亿人属于中产阶层，几乎每 10 个人中就有 1 个。到了 2017 年，瑞信表示，在世界 11 亿人的中产阶层中，中国所占比例的增长速度仍旧惊人，由 2000 年的 12.6% 迅速升至 2017 年的 35%。与此同时，企业家马云在第六届阿里云开发者大会上表示：今天中国有 3 亿中产者，而且未来中国将会有 5 亿人加入中产阶层。

2016 年 7 月，《经济学人》等媒体曾估算，如果以年收入 11500~43000 美元为标准，中国的中产人数已经达到 2.25 亿，而且在未来几年这一数字将会超过欧洲。如果以消费水平为标准，中国的中产人数可能更多，亚洲开发银行曾经提出每天消费 2~20 美元的人就属于中产阶层，按照这一标准，中国在 2007 年中产占比达到 89.1%，已经步入以中产阶层为主的社会。2008 年，金融危机重挫了世界，中国超越日本成为世界第二大经济体，中国的中产以更快的速度成长，他们中不少人的现金流以及资产已经超过欧美同侪。

无论如何估算，从数千万到 1 亿、3 亿抑或 10 亿，中国中产的崛起是不争的事实，与此相伴的则是中国工业化进程告一段落。2006 年第二产业增加值占 GDP 的比例达到最高的 47.6%，随后开始降低，到 2016 年已经降到 39.9%，低于工业化起步的 1990 年（当时的占比为 41%）。同时，2017 年制造业投资额增速仅为 3%，远低于全部固定资产投资额的增速。这意味着中国工业化进程已经大体完成。

如同美国在 1973 年之后经历的，中国也即将或者已经进入后工业时代。在这个时代，引领潮流的不再是海尔、格力这样的工业巨头，而是腾讯、阿里巴巴这样的模式创新者。也如同在欧美国家曾经发生的，进入知识经济时代，中国的收入不平等状况将会逆转之前的态势，差距开始再度扩大。

换言之，当中国出现了全球最大规模的中产阶层后，中国的中产阶层却发现，他们习以为常的快速阶层跃升已迅速成为过去，要保住现有的中产身份已属困难。中国的中产阶层更准确的定义是中国的软阶层，因为他们的中产地位获得时间短，根基并不稳定，也可能面临阶层下移。这在很大程度上解释了他们高度焦虑的原因。

中国的软阶层有其特别之处。一方面，中国的中产自我设定的标准远远高于世界普遍标准；另一方面，中国中产的身份认同远不如国外成熟，面对现实情况的风吹草动，其阶层地位往往呈现格外脆弱的一面。

从盖洛普咨询公司做的调研来看，美国人的自我认知往往与其社会阶层并不相符。很多时候，下层阶层认为自己是中产阶层，富豪认为自己是中产阶层，比如盖洛普咨询公司 2016 年的调查数据显示，58% 的美国人认为自己是中等或上等阶层，但实际上这两个阶层的人数并没有那么多。在日本泡沫经济时代，超过90%的日本人自我认定是中产阶层，所以就有了"一亿总中流"[①]的说法。对比之下，中国中产的自我认定存在相反的情况。中国中产阶层的门槛，对很多城市的人来说其实是触手可及的，但身处泡沫经济时代的中国人却总觉得自己"被中产"了。网络上流行的中产阶层标准，不管是在一线城市拥有3套房还是1000万美元财富，其实都足以在其他国家被归为富人群体。

你属于什么阶层？这些年，在房地产等资产的分层作用之下，中国的消费升级和消费降级状况同时出现，在互联网中，购物平台的受众消费水平各有不同。房租上涨之时，房东和房奴、租客，心态冷暖不同，年入数十万的白领或者中产，在租金上涨面前提前感受着秋日寒风。

曾有一位读者在微信公众号"重要的是经济"中留言：无论从阶层、财富还是个人安全感来说，现在是不进则退，已至退无可退的境地。如果说创业是过去的流行词，现在焦虑则日益成为情绪上的新共识。对于未来财富增长的不确定感以及阶层归属的不安定感，使"焦虑"成为中产朋友圈的高频词。撩拨着这类情绪的，无论是鸡汤文还是说教文，阅读量动辄达"10万+"，而"10万+"又刺激着更多的人去追寻新的焦虑素材：消费焦虑成为新的产业链，集体焦虑也在这样的氛围中加

[①] "一亿总中流"(或称一亿总中产)，是20世纪60年代在日本出现的一种国民意识，在20世纪70年代和80年代尤为凸显，指的是在终身雇佣制下，90%左右的日本人都自认为中产阶层。"消费是美德""全满日本"成为当时的社会风气。

速升级。

即使在国家统计局的调查中,我们也可以看到,在不同群体中,中等收入群体日均工作时间最长,为 7 小时 51 分钟,比低收入群体还多 34 分钟。对比之下,高收入群体家庭生产经营活动用时最长,趋势呈现为"收入水平越高,家庭生产经营活动时间越长"。①

换言之,今日城市中产的焦虑,在一些网络舆论中,多少有其矫揉造作的一面。当过分关注自身,信息来源又十分有限的时候,焦虑情绪就被放大了。手机统治人们的注意力所带来的问题之一是,许多人忘记了,朋友圈并不是世界,甚至不是互联网。当线上联系变得无处不在的时候,线下交流就会变得尤其可贵,无论是对于朋友还是阅读,抑或是了解现实而言。

当然,除了对现实的"失焦"导致的焦虑感放大之外,不得不承认,焦虑更多源自对未来的不确定。在中国经济增速不断放缓的大背景之下,更长远地看,今日中国中产的焦虑不过是上半场。今天只是不满房子没有升值,明天就可能担心房子成了负资产;今天只是担心创业没有迅速变现,明天可能思考的就是如何体面地再找一份工作;今天只是抱怨家政人员服务不够细致,明天可能就得亲自动手了。

---

① 金红:《过去十年居民时间分配发生较大变化 反映人民生活质量稳步提高》,载国家统计局官网,2019 年 1 月 25 日,见 http://www.stats.gov.cn/tjsj/sjjd/201901/t20190125_ 1646799.html。此处"中等收入群体"实际上是"中间收入组"的概念,其趋势始终有值得参考的一面。

软阶层：在不确定的时代寻找上升阶梯

是中国中产特别娇贵吗？并不是。学者李强曾经指出，虽然中国中等收入群体所占的比例很高，但其中很大一部分还没有达到中产阶层的生活水平，他在2017年的一项研究中指出，中国中产阶层占样本比例的19.12%，但细究下来，其中大部分（超过70%）属于中产过渡层和中产边缘层。[①]

当大城市的"草根"人群被赶走的时候，中产或许自认为安全，但房租上涨所带来的压力，却一下暴露了他们的软肋。收入数十万元，在多数地方绝对算中产，日收入超过200美元即可以被归为高收入群体。不过在媒体报道中，这类群体在面对房租上涨时也会出现消费降级、难以续租的情况，引发"中产从此难续租"的感叹。这绝不是中国中产做作，他们的现金储蓄情况比起国外中产要好很多，但风险和不确定性始终让他们如履薄冰，稍有不慎其地位就有下滑的可能。

阶层流动迟滞的直接后果是中产阶层的萎缩，这其实也并不奇怪，中产阶层不仅是社会变迁的稳定剂，也是对社会变迁最敏感的人群。

当昔日知识改变命运或者创业带来暴富的美梦消散，房产就成了阶层的锚。有一次我组织阶层话题讨论，有读者表示房子是个重要指标，看看各个小区地段楼盘的价格，甚至物业管理费单价的高低，就大概可以归纳业主的"阶层"。目前，阶层区分遵循市场的原理"价高者得"，城市房地产"圈地"的窗口

[①] 李强：《中产过渡层与中产边缘层》，载《江苏社会科学》2017年第2期。

01 趋势：全球软阶层时代到来

期已过，没有分享到前期红利的人，在现阶段和未来预期阶段想突破阶层就比较困难了。

中产难以安放的暴富梦想，构成了过去社会的主要图景。到现在，软阶层社会来临，机遇减少，中国中产的焦虑与彷徨倍增。大家对于阶层降级有着深刻的恐惧，其原因恐怕在于每降低一个阶层，所面临的生存压力就会骤然增加。

改革开放40多年来，中国人在国外似乎总给人急吼吼或者风风火火的感觉，与其说是国民性，不如说是时代使然：这是将西方几百年社会变迁与财富增长压缩在中国几十年内完成的时代。中国改革开放初期的人均收入和《悲惨世界》中描写的当时法国的人均收入相差不大，多数人处于平等贫困的状况，但是如今中国经济总量已经跃居世界第二，其影响力无远弗届。

因此，无论舆论抱怨"60后"如何折腾，"70后"如何纠结，"80后"如何痛苦，能够伴随着改革开放成长的这批人其实非常幸运，都不同程度上享受了时代的盛宴。他们中间涌现出如马云、王健林这样的时代弄潮儿，普通人也经历了物质生活从匮乏到富足的转变，社会流动性增强。但是，未来我们的下一代其实没有那么幸运，无论如何鼓噪"90后"有希望，"00后"有未来，他们中的多数人都无法实现如同父辈的阶层跃升。中国贫富分化正在形成中，未来还有机会，只是机会开始变少。

中国过去更多地是在追随世界，如今至少在焦虑层面，东西方已然同构。比如在英国《金融时报》评选的2017年大事图谱中，比特币、特朗普与人工智能名列其中。如果说国外中产往往关注其中一两项，中国中产则对这三项都有所关注，因为每一项都与机遇息息相关。

国外生活比较稳定，即使政治花边新闻不断，多数中产更关注的也还是其自身的职业生涯。对于中国中产而言，身处转型社会使他们对风险的考虑是全方位的。他们的幸运在于，凭借过去的机会获得了庞大的财富与伴随财富而来的社会地位的上升，他们的劣势在于这种地位的脆弱性：运气加诸其上的也可以被运气夺走，在"事情"降临之前，中产的生活似乎很惬意，"事情"降临的时候，中产们却发现自己无所依仗。更进一步讲，中产也日益感受到，未来的中国社会会越来越成熟，这也意味着"野蛮生长"窗口期的关闭，容易摘的果子很可能已经被摘完了。这样的软阶层时代，最大的特征并不是刚性的阶层固化，而是阶层流动的柔性压抑，表现为阶层向上的通道变窄，向下的漏口却真实存在着。

软阶层时代的新趋势

从发展的角度来看，软阶层社会是中国社会分层的结果。社会分层这一概念最初是从地质学中引入的，以地质学中的分层现象比喻人类社会，社会学家李强将"社会分层"定义为"社会成员、社会群体因社会资源占有不同而产生的层化或差异现象，尤其是指建立在法律、法规基础上的制度化的社会差异体系"[①]。"社会资源"通常包含政治资源、经济资源、文化资源等。但社会学对此有不同定义,比如学者马克斯·韦伯(Max Weber)就把财富、声望与权力作为社会分层的主要依据,这三点分别对应着经济地位、社会地位和政治地位。

任何社会都难以避免出现社会分层,阶层分化是人类社会的常态。美国社会学家格尔哈特·伦斯基(Gerhard Lenski)指出,任何社会分层系统背后都是社会价值系统的表达,谁得到、为何得到的背后都是权力的隐微意志。[②]因此,有关平等的争论贯穿了人类历史,保守主义与激进主义关于社会分层的观点相去甚远。

保守主义者大多从功能主义角度出发看问题。例如,社会学家金斯利·戴维斯(Kingsley Davis)认为,阶层分层系统的产生迎合了人类社会的两大需求:第一是为有才能的人提供激励,让他们担任更重要、更有难度的职位;第二是为了鼓励这样的人在这样的职位上承担相应责任,给予其更多报酬。全体成员的公共利益是客观存在的,阶层分层体系为之服务。与之相反,激进主义者则从冲突的角度去理解,将收入不平等看作争夺短缺供应的斗争,社会是不同群体争夺权力的舞台。

不论你是保守主义者还是激进主义者,关于收入不平等,都有两个问题摆在你面前:第一,社会应该依据什么原则来分

[①] 李强:《社会分层十讲》,社会科学文献出版社2011年版,第一讲。
[②] [美]格尔哈特·伦斯基:《权力与特权:社会分层的理论》,关信平、陈宗显、谢晋宇译,社会科学文献出版社2018年版

配收入才是公正的；第二，作为上述过程的结果而出现的下层阶层尤其是最底层阶层应该得到怎样的救助。

不平等贯穿人类历史，过去历史上的诸多政治不平等合法存在了多年，而今天我们谈论得更多的是经济不平等。未来应该注意的是，除了传统资产、收入、财富等因素，技术尤其是数据等因素会带来更隐蔽、更强大的不平等。也就是说，随着欧美国家、日本、中国进入知识经济时代，在科技巨头的主宰之下，权力和财富的不平等特点势必不同以往。在这样的背景之下，拥护技术的浅薄乐观主义和反对技术的鸵鸟策略（也可以理解为憎恨机器的卢德主义）都过于简单，也忽略了历史文明的更大图景。

保守主义与激进主义在不同的社会语境下有不同的意义。至于在中国，它们甚至尚未发展到能足够清晰表达自身意义的程度，原因很复杂。而关于收入与公平之间的关系，我们始终没有得到满意的答案。

在成熟社会，社会分层也不可避免，甚至阶层的稳定也是长期博弈的历史结果。虽然社会中存在不满情绪与抗争，但是多数情况下还是在承认社会分层的基础上谈论补救措施，尤其是多数阶层流动还包裹着自由奋斗的糖衣。对比而言，中国社会的广泛分层始自1978年改革开放，学者李强将其总结为市场机制、政府作用、权力性富裕、"关系"、单位等不同方面的交互作用。中国经济的快速成长为阶层跃升提供了充足的机遇，而其间不公平现象也普遍存在，在此情况下，民众对于阶层认同不够，甚至不那么认命。

中国经济的发展与其自身比是在减速，但速度仍旧高于其他国家，这意味着机会窗口仍旧存在，只不过机会比过去少。恰恰是这样一个社会，意味着阶层流动窗口尚没有封死，但是向上走的空间越来越小，向下滑落的可能性却在增加。从根本上说，后工业时代到来，技术革命、权力结构很大程度上会改变我们的未来，这也揭示出这样一个冷酷的事实：软阶层是脆弱的阶层，也是尴尬的阶层；软阶层人群大量涌现形成了软阶层时代，社会也转型为 S 型社会，也就是软阶层固化社会。

从正面意义上讲，软阶层时代也意味着机遇的存在，尤其在中国，社会分层尚未完成，虽然利用创业、教育等方式改变命运的案例比例降低，但其数量仍旧可观。对比全球，中国剩下的机遇仍旧多于社会成熟的国家。我这些年去过日本游学，又访问了美国，深深体会到海外对中国崛起的观感变化，近些年来中国几乎由毫无存在感变为影响无处不在。

几年前我在日本访学时，参观了东京证券交易所，中午和一群年轻员工聚餐。他们出身名校，举止得体，能够顺利进入大公司也预示着其职业生涯的安稳，甚至其中多数人都会获得公司出资的海外 MBA 学习机会，可以说他们是日本年轻人中最幸运的一批。他们中有好几位来过中国，正在努力学习中文，当问及他们对中日两国的印象时，他们却一时陷入了思考。先是一个年轻人打破沉默——只在中国待过 3 个月的他说，去了中国之后，感觉东京生活"没意思"。或许是因为中文不太熟练，他的回答少了日式委婉，更加直接，却也无意间道出了中国的魅力。

这正是工业经济时代的典型特征，这样的时代奖励个人奋斗，褒扬个人才华，在变化中孕育机遇，中产阶层整整一代人被孕育出来。未来，随着知识经济的到来，不说中国经济一定会经历某种暴风骤雨般的剧变，却可以预期意料之中的本质变化。或许，当我们回顾这个时代的时候，改变中国人最多的并不是某个文件或者某项政策，而是微信、共享单车等看似普通的技术创新。这个新的知识经济时代，奖励的是每个人与其他人连接的能力，也就是让自己的人力资本得到社会网络"加持"的能力，而经济将会更多地根据每个人的社会资源而不是人力资源来为每个人"定价"。一方面，叠加中国经济增长可能的减速，阶层跃升的速度必将逐渐放缓，直至最终稳定；另一方面，在中国"先富带动后富"的大背景之下，软阶层为保卫自己的阶层地位，必将付出更多的艰辛和努力。

未来，中国中产将会更加焦虑，多年之后，他们会明白，耽于焦虑，也是一种幸运。届时，将会有更多人开始理解并且认同软阶层社会。从阶层流动性角度来看，我认为软阶层社会，即S型社会，相较于阶层彻底固化的社会，其社会流动路径没有绝对封闭，仍旧具备向上和向下的流动性，这使大家一方面可以看到身边阶层跃升的案例，不认命，另一方面也唯恐走错一步，阶层下滑。

中国主要面临两个挑战。第一个挑战是，与之前收入不平

01 趋势：全球软阶层时代到来

等情况改善的大趋势相反，未来中国收入的不平等情况改善面临的挑战都在增加。自2015年开始，中国劳动力呈现净减少的状况，农村中的闲置劳动力早已转移，之前推动收入均等化的教育平权、城市化等力量均呈现衰减态势。更重要的是，随着中国经济开始进入后工业时代，拥有人力资本（能力与努力）就可以获得越来越高收入的环境发生了改变。在后工业时代，你拥有什么样的社会网络，比你会做什么工作更加重要，这自然会加大收入不均的程度，那些认识更多的人，或者认识更重要的人的幸运儿毕竟是少数，而他们将或许会获得与付出不成比例的高收入。

更加严重的是第二个挑战。未来，随着经济发展速度减缓，尤其是社会运行成本越来越高，中国社会的变化速度将会下降。在此之前，中国的阶层流动迅速。在中国经济奇迹般崛起的大背景下，社会经济发展速度极快，工业化与债务潮水共生，创业机会无处不在，各行业、各领域都存在大量机会，胆量、运气、能力、资源，你只要抓住一个，都大有机会直接改写财富命运。无论是农村孩子到大城市上学，毕业后留下来工作，还是内陆年轻人到沿海城市闯荡天地，他们都大有机会跻身父辈不敢梦想的阶层。但债务清算必将到来，水落石出之时，一夜暴富的机会也将减少。更加重要的是，社会运行成本日益升高，而投资回报预期越发降低，在失败的概率上升之余，个人对失败的承受能力却在大幅减弱。在这种环境中，个人仍旧维持对成功和财富的热切期望，却会比以前更加仔细地考虑失败的可能性。

如此一来，社会陷入焦虑与现实的拉锯战，越是进入软阶层社会，阶层越是逐步固化，越是有阶层跃升的冲动。这是最后一公里的抢跑路线，阶层变化最后的机会。当下诸多强调人生逆袭的励志书籍，其实不过是20世纪成功学的变体，折射出底层买彩票的心态——希望挤上阶层变化的快车道。

这种想法越来越不现实。软阶层时代的生存之道，首先是务实地更新自己对社会的认知。人类面临技术变迁大潮，这是我们不得不面对的现实。对于社会而言，如何让个体的基本权利不因为经济地位变化而发生本质变化是关键，这也是经济学家阿马蒂亚·森（Amartya Sen）多次强调捍卫的人的"可行能力"。

以日本为例，日本著名社会观察家、社会消费现象研究者三浦展提出的"下流社会"与日本著名管理学家、经济评论家大前研一提出的"低欲望社会"等名词频频出现在各类新闻报道中。不过，不少人对于日本社会的理解仍旧停留在过去的想象中，日本的现状和这些畅销书作者的想法，如今都在变化。我在东京也拜访了大前研一和三浦展，和他们长聊过今天的日本。

在某种意义上，对日本"下流社会"不平等的感叹已经是十多年前的情况了，现在的日本社会更安于现状，即使是三浦展，也更乐于强调日本的"分享"潮流，他欣赏今天年轻人不再追求占有，经济又实在。至于大前研一，犀利如旧，但话语间不再如书中那样鼓励日本国民一如既往的野心与冒险。他微笑着告诉我，日本经济衰落那么多年，但是街道上却很少有流浪汉或者乞丐，并幽幽地总结了一句："只有日本，可以优雅地老去。"

诚然，经历了"失去的20年"之后，这些年日本经济萎靡，存在各种社会的破败，导致女性与老人等群体的贫困现象在底层中更为突出。但在NHK（日本放送协会）的纪录片系列采访中，我们看到的个体，即使生存状况处于底层，但多数仍旧保持着最基本的体面。让我印象深刻的一个细节是，即使是那些最贫困的女性，在镜头前，多数还是穿戴得体而且妆容整洁。这一细节，固然有日本社交规范的因素，但本质上还在于社会为个体权益提供了最基本的支撑。[1]

进入软阶层时代意味着时代的转变，未必一定要追求"优雅"，但有必要降低其残酷与暴烈程度。日本的经济衰退已经结束，却不知道日本的当下是否可以给其他国家提供有意义的启示。

软阶层与全球化

更宏观地看，"左"与"右"的边界在模糊，这是一个倒转

---

[1] 关于日本底层，参见［日］NHK特别节目录制组编著：《老后破产：名为"长寿"的噩梦》，王军译，上海译文出版社2018年版；［日］NHK特别节目录制组合著：《女性贫困》，李颖译，上海译文出版社2017年版。

的世界。我们共同面临新的全球化问题，不平等与民粹主义的双螺旋崛起。经济学芝加哥学派的格言是"复杂的问题有简单的答案"，所以在摒弃了诸多限定条件之后，芝加哥学派相信一个简单的规律：市场比政府管制有效。然而，面对复杂的社会，可能复杂的答案更有意义。

我一直关注经济议程的话题，但是在变革时代，决定命运的因素往往在经济之外。我试图在本书中回答：我们将如何变为软阶层？我们的社会是如何走向 S 型社会的？我们的社会面临什么问题？这些问题背后的政治经济学机制如何？社会和文明如何应对？

今天所发生的一切，在历史上并不陌生。前现代社会，曾经有很多职业是人们不可或缺又无比鄙夷的，比如屠宰，这些职业的从业者往往被称为"贱民"，处于社会体系的底层，而"贱民"的后代往往也是"贱民"。"贱民"，或者叫不可接触者，曾经在东西方国家广泛存在。"贱民"的消失，离不开工业革命和文艺复兴等运动，观念革命使平等观点深入人心，技术进步使那些被认为繁重的、肮脏的工作环节被机器替代，中产阶层的出现也使贫富不均得到缓解。

生活在 21 世纪初期，我们往往不由自主地感叹，仿佛这是一个全新的世界。然而，这一切真的如此崭新吗？其实不然。在一个世纪之前，人类已经历过一轮全球化。在 19 世纪和 20 世纪初期，因为蒸汽轮船、交通和通信业的突破，世界成为一体。全球化成为贸易、移民和资本自由流动的一项特征，自由贸易是当时最流行的模式,它带来的是经济自由主义、个人主义以及竞争与机遇。

这一场景承诺的长期繁荣与和平并未成为现实。彼时日益严重的全球不平等、贫富分化与激烈的技术变革造就的紧张局面,数次粉碎了本就淡薄的乐观情绪。20世纪人类社会经历激烈的变化,战争与对立都可以摧毁繁荣,也摧毁过繁荣,它们也直接导致了民族国家兴起以及政府日益介入经济活动,保护主义也不过是社会激烈冲突的不经意的产物。

"冷战"结束之后,欧洲经济停滞、新经济泡沫破裂、亚洲金融危机爆发、日本经济崩溃都不足以阻挡21世纪繁荣的开始,自由化、全球化重新成为关键词。21世纪的全球化与其说是一种创新,不如说是一种回归,重返自由贸易,甚至国家的观念在某种层面上也已经显得落伍。

2008年金融危机再次改写了游戏规则。类似于经济大萧条击碎了自由贸易的迷梦,金融危机也击碎了美国的理想世界。10年之后,中美贸易摩擦升级——如果以雷曼兄弟公司倒闭作为起点,2018年9月是这次金融危机爆发的10周年。金融危机之前,"中国储蓄、美国消费"构成了全球经济双引擎,两者的结合看起来颇像相得益彰的"婚姻"。金融危机之后,这一模式被改写,中美"脱钩"的同时,中国经济规模在2010年超越日本,攀升至全球第二的位置,并且迅速缩小了与美国的差距。在这一时期,美国则遭遇了痛苦的经济调整,虽然金融危机期间祭出的无量货币宽松政策最终使经济走出谷底,但阶层分化却在加剧，民粹主义反弹力度加大。

从某种意义上说，过去中国软阶层所得，也是海外软阶层所失。如果说中国软阶层的"软"体现在时间上，那么海外软阶层的"软"则体现在竞争力上。阶层本身在现代社会之前就存在，而海外中产阶层的历史几乎与现代社会或者资本主义一样悠久。发达国家的软阶层，也有不同层次。相对而言，欧洲软阶层历史更久，遭遇打击程度相对（美国）较小，西欧的中产阶层历史悠久，中产群体庞大而且稳定，即使向下滑落也不至于境遇太差，因此相对（美国）而言不太容易形成民粹主义。

即使是像福山这样的学者，也意识到身份政治重来背后的经济动力，足以带动美国政治的变化，他在新书《身份政治：对尊严与认同的渴求》(*Identity：The Demand for Dignity and the Politics of Resentment*)[1]中亦强调了中国与印度的新中产崛起，部分原因是他们取代了发达国家的中产的工作。

在民众不满情绪的累积之下，特朗普这样得到民粹主义者支持的总统得以上台。特朗普改变了中美主流认知，但这背后暗涌的潮流，主要来自普通中产阶层和蓝领工人，他们并不是基于种族问题而是基于全球化的冲击选择了特朗普，这使往昔的全球化遭遇逆流。在某种意义上，这些人也是美国的软阶层，他们并非基于种族成见，而更多地是基于经济因素选择了特朗

---

[1] ［美］弗朗西斯·福山：《身份政治：对尊严与认同的渴求》，刘芳译，中译出版社 2021 年版。

01 趋势：全球软阶层时代到来

普，他们经济地位的改变，正是中国等新兴经济体中产阶层的崛起所导致。

至于中国软阶层，一方面，欧美软阶层没落是他们崛起故事的背景之一；另一方面，脱贫、崛起、暴富都在一代人之内完成，这使人们对于阶层的想象都是往上迁移，停滞不前就意味着落伍，对没落的阶层前景缺乏预案。这种过去30年的单边行情使大家对软阶层时代的到来充满了抗拒，却意识不到对多数人来说阶层滑落而不是上升是一种在未来会出现的大概率事件。[①]

从某种意义上来说，软阶层社会和中美贸易摩擦都是金融危机的产物，但是两者的出现，还有着更深刻的经济政治原因，贸易摩擦氛围对中美软阶层社会的影响，也会随着时间日渐深远。

在国际金融危机十多年后的今天，在逆全球化风向之下，全球不平等、贫富不均、技术革命再次伫立在人类社会面前，它们的折叠改写了我们的时代，使我们的时代向软阶层社会进一步前进，最终是否会进入一个更严峻的阶层固化时代？如何正视甚至解决这些挑战？阶层问题在人类历史中一直存在，发生逻辑类似，但是作用方式在今天发生了具体变化。毕竟，我们的世界与前人已经有诸多不同。本书试图展示社会变迁图景，其目的正是揭示全球不平等、贫富分化是如何改变我们的社会、如何造成软阶层的。通过这样的分析，我认为，要应对这一挑

---

① 此处感谢学者叶志鹏在与笔者的交流中所给的启发。

战，答案不在经济之内，而在经济之外：人类自由合作秩序的拓展，一直是，而且仍将是，打破软阶层社会陷阱的动力所在。

北欧模式无法拯救软阶层

每当面对全球不平等问题，人们就会展开对北欧模式的密集讨论，其热度隐然比肩日本模式或者德国模式。对阶层根基不稳，面临向下滑落风险的广大软阶层而言，"平等与发展并举"的北欧模式，看起来很美好。这真的是一根神奇的稻草吗？

北欧模式的旋风，不止一次吹到了美国政坛中心。2019 年 1 月中旬，白宫停摆已经长达 4 周，不过美国女议员亚历山德里娅·欧加修-寇蒂兹（Alexandria Ocasio-Cortez）获得的关注可能更多。当时新当选众议员的寇蒂兹出生于 1990 年，在 2018 年已经以美国历史上最年轻当选议员的身份赢得颇多关注，这一次再度登上新闻头条。

根据彭博新闻社等媒体报道，她公开呼吁开征 70% 的富人税，并称其计划为"绿色新政"，目标是在 2030 年前降低化石燃料的使用量，强调每个美国人都有资格得到公平的工资。有意思的是，寇蒂兹并不在意舆论认为她过于激进的评价，她认为当前只有激进的人才能带来改变，比如亚伯拉罕·林肯（Abraham Lincoln）与富兰克林·罗斯福（Franklin Roosevelt）

那样的做法。她说："如果这就是激进，那我就是激进分子。"①寇蒂兹并不是唯一一个这样呼吁的。她曾经是2016年美国民主党总统候选人伯尼·桑德斯（Bernie Sanders）的政治义工，伯尼·桑德斯本人多次盛赞丹麦、瑞典和挪威等北欧国家。更不用说，乐施会等慈善组织也主张对富人加税，认为超级富豪和企业承担的税收如今处于几十年来的低位（见图1.7）。②

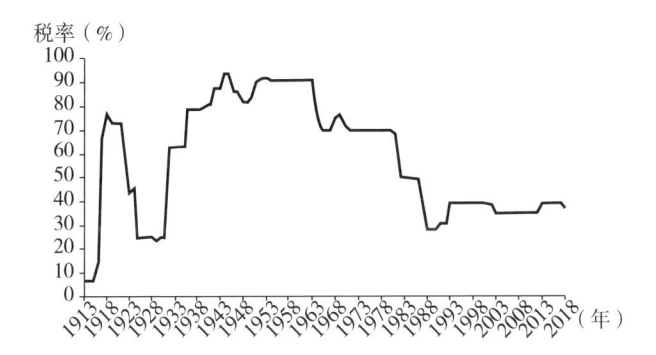

图1.7 美国最高法定边际个人所得税税率变化（1913—2018）

注：以上数据是简化后的结果，忽略了许多因素。例如，受最高税率影响的回报百分比，以及与收入相关的税收减免导致的有效税率增加。

资料来源：尤金·斯图尔勒，美国城市研究所；约瑟夫·佩奇曼，联邦税收政策；税务联合委员会。2003年《美国就业和增长税收减免和解法案》会议协议摘要，JCX-54-03，2003年5月22日，历年美国国税局收入程序。

---

① 参考自https://www.bloomberg.com/news/articles/2019-01-09/hysteria-around-a-70-tax-rate-gets-a-reality-check-in-sweden。

② 参考自乐施会官网，见 https://www.oxfam.org.hk/en/news_5657.aspx。

初看起来，对富人课以重税，好像确实可以同时解决环保以及财富分配不均等问题。更有意思的是，不少评价者即使不赞同寇蒂兹的主张，也会将北欧模式作为一个成功案例。瑞典被认为是北欧模式的典型，现实中其对富人收税接近70%的边际最高税率，对比之下美国富人最高税率在37%左右（特朗普减税之前为39%）。

北欧模式风行多年之后，如今来到美式资本主义的堡垒中心。这背后揭示了美国政坛当下的分裂，"新保守主义派"与"新左翼"针锋相对，竞相激进化。

粗看之下，北欧模式营造了一种软阶层安居乐业的景象，不少人感到困惑，这到底是神话还是现实？

不可否认，北欧模式有其吸引力。北欧模式意味着什么？大家争论了很多年，但凡提到高福利、社会平等与经济发展并存的国家，多数人的第一反应都是北欧国家。北欧各国在各类竞争力榜单上都名列前茅，例如，在波士顿咨询公司关于2015年可持续经济发展的评估报告中，如果就经济与健康、教育等综合福祉指标来看，挪威排名第一，排名前10的国家中有5个是北欧国家，美国排名第17，中国排名第76。[①]

世界各国一直迷恋北欧模式，北欧模式最大的吸引力在于发展与平等并举、个体与集体兼容等思路。在2009年达沃斯论

---

① 参见波士顿咨询公司发布的《增进民生福祉，推动长远发展：2015年可持续经济发展评估》。

坛等场合，在批判以美国为代表的盎格鲁-撒克逊资本主义的声音中，不少人谈论或许只有北欧模式才能救资本主义，即使当时同属北欧国家的冰岛也爆发了金融危机。

其中，最典型的是时任诺基亚集团（以下简称诺基亚）董事长的约玛·奥利拉（Jorma Ollila）的观点。他曾经对英国《金融时报》等媒体表示，资本主义的未来很可能就是北欧模式，他将其总结为"对全球化持开放心态，但辅之以强有力的政府措施方案作为平衡，以保护人民免受全球化过度行为的侵害，同时还有一套平等的教育体制"①。

诺基亚当时是全球最大的手机制造商，有意思的是，约玛·奥利拉话音未落，诺基亚自身就遭遇挫败。约玛·奥利拉于1992年开始任诺基亚CEO，一方面带领诺基亚十多年占据行业龙头地位；另一方面却在胜利辉煌中走向没落，使诺基亚错失了智能手机市场的未来。美国苹果公司开启智能手机时代之后，诺基亚迅速倾覆。在鼎盛时期，诺基亚集团估值达3000亿美元，2014年诺基亚以54亿欧元将手机部门卖给微软公司，两年之后该部门又被微软公司以3.5亿美元卖给富士康公司。这些交易数字背后，凸显的是行业变迁与价值缩水，令人唏嘘。

如今回忆诺基亚的那场失败，约玛·奥利拉不再多谈北欧模式的成功，倒是写了一本回忆录，他说2007年一场关于智

---

① ［瑞典］理查德·米尔恩：《北欧模式是"资本主义的未来"》，载《金融时报》2009年3月24日。

能手机市场的角逐在诺基亚这个行业霸主和苹果公司之间展开，多数人都认为诺基亚稳赢，因为，"我们懂得如何对手机进行设计、制造和营销，我们的基础设施在同行中是超群绝伦的"[①]。但结果却与之相反。苹果打败诺基亚只是一个案例，但却引发了广泛的思考：北欧模式的竞争力到底如何？回顾一下，进入21世纪以来，吸引全球目光的科技巨头多数来自美国，如今或许可以加上诞生了"微信"软件这样日活跃用户超过10亿人的中国，来自北欧国家的却寥寥无几。

诺基亚在理论上赢的答案显而易见，而在现实中输的结局耐人寻味，这也可以被视为美国模式打败了北欧模式的象征：美式资本主义也许残酷，也许无情，但是始终在拓展行业的边界，甚至开辟新的行业，当然这也带来了贫富不均等问题。

值得注意的是，作为新经济赢家的美国，崛起的新经济公司，在获得不菲收入的同时，在税收以及解决就业方面并不如过去的企业贡献大，赢家通吃现象更加明显。这无疑也是美国软阶层规模扩大的先声，先是工作可替代度高的蓝领工人，之后是各专业门类的中产阶层，对财富分配不均的怨气日复一日加深。

[①] ［芬］约玛·奥利拉、哈利·沙库马：《诺基亚总裁自述：重压之下》，王雨阳译，文汇出版社2018年版。

北欧模式的另一面

对比之下,北欧国家的平等显得颇有吸引力。但换一个角度看,却有不同的景象。

首先,北欧模式的平等,很大程度上依赖于再分配。再分配并不创造财富,其转移效率与公正性高度依赖于政治质量,并不那么容易推广到国情与之千差万别的其他国家。

其次,从西方看重的代际传播来看,北欧职业的阶层壁垒同样很高。按照经济史学家格雷戈里·克拉克(Gregory Clark)的研究,如果从职业角度看,阶层突破难度在北欧国家和在其他国家并无多大区别,一两百年前的医生家庭的后代也许今天还是医生。[1] 更不用说,当地亿万富翁的财富基本上是继承而来,像美国的阶层逆袭或者白手起家的例子在北欧往往很罕见。即使在认同北欧模式者的眼中,北欧模式也并非完美。英国《金融时报》中文网专栏作家沈建光曾经在北欧学习多年,他认同北欧模式的平等与创新,但也指出了北欧模式并非乌托邦。在专栏文章中,他回忆了一件事,他在瑞典打车从酒店去机场,下车后却收到天价车费账单,是之前从机场去酒店车费的 5 倍,折合人民币 2000 多元。[2] 更重要的是,这一收费完全合法,因

---

[1] [美]格雷戈里·克拉克:《虎子崛起:姓氏与社会流动性历史》,普林斯顿大学出版社 2014 年版。

[2] 沈建光:《北欧经济模式的优势和不足》,载《金融时报》中文网,2021 年 11 月 14 日,见 http://www.ftchinese.com/story/001074583。

为瑞典为了保护出租车司机的利益，允许出租车司机自由定价。

这就是北欧模式的另一面，再独特的模式，也必须遵循古老经济学的法则。那么，一个基本问题是，谁来负担成本？在上面的案例中，过度保护出租车司机利益，就意味着消费者吃苦。同样，在北欧模式中，过度保护劳动者，即使淡化双方的对立关系，其实也意味着企业家吃亏，所谓的全民福利很多时候都建立在全体企业的负担之上。

最后，把北欧模式仅仅定义为高福利、高税收也是不全面的，北欧国家的真正独特之处在于其健全的社会组织，这离不开北欧国家人口稀少、种族相对单一、文化认同度高等不可复制的因素。

这些特征其实在过去的德国和日本也有不同程度的表现，它们保证了北欧社会具有紧致的内部网络，传承同样的文化与行为规范，拥有远高于其他国家的"社会资本"——社会成员之间的信任度与归属感。这一丰厚的社会资本有效降低了高税收对创业与工作动力的拖累。可以说，杂糅了社会主义和资本主义的北欧模式的成功因素有很多，但是社会网络在集体对抗风险以及强调平等方面的作用强大而隐蔽，至为关键。

经济、文化、政治等因素在讨论北欧模式中常有谈及，但是内部网络这种社会资本却很少有人谈及。它在一定程度上支持了北欧人的创新意识，仅瑞典这一个国家这些年就诞生了Spotify（声田，在线流媒体音乐播放平台）、Skype（即时通信软件）、MySQL（关系型数据库管理系统）等企业。但是恰恰

01 趋势：全球软阶层时代到来

部分因为北欧社会网络的制约，这类公司虽然面向全球，但其用户数量以及市场估值难以比肩美国科技巨头公司甚至中国的互联网公司，即使是爆款游戏《我的世界》（*Minecraft*）最终也被微软公司收购。反过来说，类似美国这样的移民社会，内部网络看起来松散，但是能够达成更多、更广的有效连接。一两百年来，不少雄心勃勃的人都会主动或被动选择美国，从当年的爱因斯坦（Einstein）到今天的特斯拉创始人埃隆·马斯克（Elon Musk），还有诸多学术大家和硅谷大佬也都出自美国第一代移民家庭。

因此，复合的北欧模式既无法代表社会主义，也无法代表资本主义，其成功有可圈可点之处，但是推广需要谨慎，尤其需要预防指鹿为马式的总结。

每个国家都有其历史道路所决定的先天特性，在北欧模式流行之前，北欧国家本身已经实现了人均寿命与受教育水平的提升，倒是在此之后，北欧国家再没有诞生多少能改变世界游戏规则的企业。更不用说，北欧模式能够和平发展，与北约提供的安全保护政策不无关系；也可以说，北欧模式在某种程度上依赖于今天美国的保护。

针对寇蒂兹提出的征收富人税的提议，退休的美联储前主席艾伦·格林斯潘（Alan Greenspan）在采访中明确表示，这是一个错误。

这自然不是结束，这一轮北欧模式热潮显然方兴未艾，美国国内激烈的"左右对峙"显然会引发更多连锁反应。

71

在经济增速下行、中等收入阶层位置不稳的软阶层社会，无论对企业还是对个人而言，加税都是不可承受之重。减税而不是加税，才是正道。更重要的是，广大软阶层需要意识到，自己要的不仅是物质平等，更是机会平等，应该正确理解北欧模式提供的经验与教训。

软阶层的未来

奋斗成为中国社会改革开放以来的主旋律，但是今天的奋斗真的可以支撑起梦想吗？从国际货币基金组织的研究来看，20世纪80年代以来，教育是影响全球不平等的主要因素。2008年以来，中国的阶层鸿沟略有缩小，其间多次提高了最低工资水平和个人所得税起征点。不过，新的趋势可能是，随着全球不平等程度再度加大，大众会更关注未来的阶层变化，或者说，自身和下一代状况的变化。

当都市发达传说褪去镀金色彩，这样社会也许才能回归更为真实的一面。软阶层时代少了一夜暴富的诸多传奇，比阶层完全固化的社会好一些，但也意味着我们的认知和选择要改变。正如一位朋友所言："新教的作用就是让人在理性上觉得不值得奋斗的时候，可以超理性地奋斗。"

软阶层时代的一大考验在于，贫富不均之下，如何维护社会的合作秩序，穷人与富人的相处是新的问题。"衡量一个社会的物质文明，要看它的穷人过得怎么样；衡量一个社会的精神文明，要看它的富人做得怎么样。如果一个社会的穷人尚且能够过上体面的生活，那么这一定是一个丰裕社会；如果一个社会的富人乐善好施、知书达理，那么这一定是个礼仪之邦。相反，不管一个社会的GDP总量如何之大，只要有一部分民众仍然衣食无着、低人一等，这个社会在本质上还是贫困的，只不过有一部分人先富起来而已。"正如复旦大学学者熊易寒所言，命运的外部性既可以使公众连为一体，也可以使社会陷入分裂。[1]

让社会中十分脆弱的群体，也就是软阶层的底端群体，能够享有充足的生存尊严与权利空间，将是我们社会未来的努力方向与挑战。应该如何应对这一挑战？让强者公正地得其所应得，让弱者的权益与尊严得到维护，这其实就是软阶层时代的秩序重新定位：阶层流动无可避免地放慢，那么就让各个阶层的人都免于不安、维持交流，在良序合作中寻求改进的可能性。这样的秩序，一要法治，二要市场，三要公正。

面对新时代，法治不仅有其经济学意义，更重要的是有其社会学意义。

按照英国哲学家约翰·洛克（John Locke）的看法，法治一开始就与个人产权息息相关，"法律的目的不是取消或限制自由，而是保护和扩大自由。这是因为在所有能够接受

---

[1] 熊易寒：《命运的政治学》，见 http://www.aisixiang.com/data/55445.html。

法律支配的人类的状态中,哪里没有法律,哪里就没有自由……一种处分或安排的自由,一如他列举的那些包括对他的人身、他的行动、他的所有物以及他全部的财产的处分,乃是法律所允许的自由;因此,在这样的法律下,他不受其他人的专断意志的支配,而是能够自由地遵循他自己的意志"①。

洛克的理念,从历史来看,也符合事实。历史学家塞缪尔·E.芬纳(Samuel E. Finer)指出,早在中世纪,争取自治的力量往往来自城邦的市民,不少城邦在本质上就是反封建的,原因之一正是这些作为自由人的市民的有产者地位,"城市的空气带来自由",他们符合洛克所谓的"个人"的条件与特质,"他是自己的主人,他是其全部所有(生命、自由和财产)的主人"。②

历史永远能够告诉我们更多。从历史来看,尊重个人产权的法治体系在西方诞生,不仅是中西大分流的结果,也是原因。回看历史,西欧的兴起在1500年前后毫无端倪。人口规模是前工业时代衡量社会繁荣程度的一个指标。姑且不说中国,直到1750年,整个欧洲人口的数量仍不及印度一个国家多,那么欧洲人为何在东西文明竞争中后来居上?在"坚船利炮"表象之外,还是制度在起系统性作用。对于1500年前后发生了什么

---

① [英]洛克:《政府论》(下册),商务印书馆1964年版,第36页。
② [英]塞缪尔·E.芬纳:《统治史》(卷二),王震、马百亮译,华东师范大学出版社2014年版,第364页。

01 趋势：全球软阶层时代到来

变化，历史学家各有说法，但他们大都指出大部分国家，无论是处于封建王朝的中国还是出现议会的英国，当时都已出现常驻军、专门官僚机构、中央财政集权、贸易网络、外交对话等"走出中世纪"的新事物，但是使西欧与众不同的是其"守法性"，这是其稀缺竞争力之所在。从世界历史的发展来看，正是这种类似法治的精神传播，使传统国家转向现代国家成为可能。

法治本身及其对个人自由的保护，有利于建立一个各阶层能够共存的社会。在法治秩序建立的过程中，政府行为是重要因素，即使是自由主义旗手弗里德里希·奥古斯特·冯·哈耶克（Friedrich August von Hayek），也强调重要的是政府活动的"质"而不是"量"，"一个功效显著的市场经济，乃是以国家采取某些行动为前提的；有一些政府行动对于增进市场经济的作用而言，极有助益；而且市场经济还能容纳更多的政府行动，只要它们是那类符合有效市场的行动"。区分政府行动对自由市场有益还是无益，准绳之一正是法治，"欲使自由经济得到令人满意的运行，遵循法治乃是一个必要的条件，却不是一个充分的条件。然而，这里的关键问题在于，政府所采取的一切强制性行动，都必须由一稳定且持续的法律框架加以明确地规定"[①]。

从社会层面讲，法治提供了可供各阶层对话解决分歧的最

---

① ［英］弗里德里希·奥古斯特·冯·哈耶克：《哈耶克论自由文明与保障》，石磊编译，中国商业出版社 2016 年版。

重要机制，在这一机制中，各个阶层都有理由相信自己得到了公平的对待，相信重复博弈，相信合作共赢。唯有维持这样的机制，软阶层社会中的焦虑感才不至于撕裂社会，释放出毁灭一切的破坏性力量。

而法治或法律，和任何文明产物一样，并非无源之水或者一页白纸，任何制度都是历史与现代文化碰撞积淀的产物。根据经济学家道格拉斯·诺斯（Douglass C. North）以及吉莲·哈德菲尔德（Gillian Hadfield）等人的研究，法治的规范性特点往往被总结为一般性、稳定性、客观性、公开性。这些因素意味着法治的建立往往是从一种旧均衡过渡到一种新均衡。要成功引入法治秩序，应该注意两点：第一，法治秩序意味着各个阶层尤其是中产阶层的加入；第二，法治秩序本身应该符合激励相容的原则，尝试实施一套看似精心设计的法律规则体系，可能会因为独特的权威条件而失败。如果人们不能确定其他人是会遵守新的制度，还是坚持旧的规范体系，那么激励相容条件便失效了。

变化时代，各种纷纷扰扰的争论代表了面对转型时不同观点的分歧，很多问题或许都可归结为政治学家弗朗西斯·福山（Francis Fukuyama）的提问，即现在最大的政治担忧在于如何建立与维持有效的政府体制，强大而遵守规则，且承担责任。福山的解决方案在于把国家、法治、负责制政府三要素结合在

01 趋势：全球软阶层时代到来

稳定的平衡中。①这听起来简单，但可惜现代政治不是三明治，上述三点的有效结合堪称奇迹，毕竟我们看到过"文明的终结"，也看到过太多失败的案例。社会转型殊为不易，是集合各阶层努力的合力，观念与利益的冲突，无处不在。

回顾历史是为了观照当下。中国改革开放40多年，历程可谓筚路蓝缕，从小岗村之类的改革起步，到邓小平南方谈话后点燃企业家"野蛮生长"，再到加入WTO（世界贸易组织）前后的全球化冲击，最后到今天经济体量膨胀之下的多重转型，成功并无其他秘诀，正是因为释放市场经济的活力。就制度而言，本质上从无法可依，转变到今天有法可依、违法有责，其中进步自不待言，但完全实现从法制到法治的跨越，仍需时间。

在软阶层时代，对于中国大多数精英或中产阶层而言，如果现有制度没有妨碍他们的生存发展，那么不少人也能接受现状，毕竟，其中大部分人可谓时代的受益者，但是如果没有法治的推进，选择性的执法将使得每个人的产权（更不用说个人自由）面临不确定性，对法治的需求也将会被唤起。社会变革维系于理念，而理念的变化需要时间培育。即使是亲历改革的著名经济学家吴敬琏等人亦探索多年，最终与著名法学家江平等人达成理念共识，那就是市场经济就是法治经济，仅仅有法律并不等于法治。

---

① ［美］弗朗西斯·福山：《政治秩序与政治衰败：从工业革命到民主全球化》，毛俊杰译，广西师范大学出版社2015年版。

也正是在法治环境中，市场才可以成为重塑社会秩序的重要力量。市场的运行与收入不平等趋势的变化密不可分。一方面，市场经济进入知识经济时代，很大程度上令收入不平等加剧；另一方面，推进整体层面的阶层跃升，也离不开市场经济的正面作用。从这个角度来讲，不少人认为对产权的尊重是保护富人，加剧贫富分化，其实这是误解。因为产权不仅保护富人，更保护中产与穷人等软阶层。从经济上讲，现代经济基于风险与不确定性来运行，法治框架的长期存在对参与者以及监管者都起到了降低不确定性、培养稳定预期的作用。这捍卫了经济长期增长的重要基础——允许市场机制源源不断地创造让所有人都受益的经济增长。历史已经再三证明，市场仍旧是为最大多数人提升福利的最强有力的机制，长期来看也是保护脆弱的软阶层的最大庇护所。

法治、市场之外，公正同样重要

在未来的挑战中，经济无疑很重要，但经济并不是社会发展的全部，没有法治与公正的经济社会，就没有稳定的秩序，软阶层时代最核心的要义是重构秩序。

没有经济的增长，很多追求都无从实现，也就不会存在我们过去数十年财富、自由与权利的增长，然而，如果只是追求经济，那么这个社会必然会迷失。经济人，也是社会人，如果忽视政治上的不平等、经济上的贫富不均、技术冲击下的劳动力分化、暴力冲动下的阶层互害，经济增长也将无以为继。

更加紧要的是，公正应该是所有人的目标，需要精英与大众共同努力。软阶层社会是时代的转折点，其出路在于建立公正。不仅是穷人的公正，也是富人的公正；不仅是首富的公正，也是中产的公正。如果目标确定，无论是个体还是社会，都能真正应对种种挑战以及各种不确定。

02 挑战

全球十亿"新穷人"的四重困境

欢迎来到全球软阶层时代。

此时,对波澜壮阔的整体向上迁移、气势磅礴的"造富运动"、酣畅淋漓的事业成功,可以说再见了。不同阶层匹配不同的人生际遇,而痛苦似乎总被攀比之心搅动,焦虑只是来自"我"没有比别人更成功。

平等或许是一种权利,但却没有任何力量使它变为现实。

——法国小说家　奥诺雷·德·巴尔扎克

（Honoré·de Balzac）

所有的动物都是平等的,但有些动物比其他动物更加平等。

——英国作家　乔治·奥威尔（George Orwell）

《动物农场》

在每个社会内部,几乎没有例外,同代人之间以及代际的收入分配不平等程度都已显著上升。

——英格兰银行前行长　马克·卡尼

（Mark Carney）

软阶层与房产：
"都市居，大不易"的想象与真实

欢迎来到软阶层时代。谈论现实中的不平等，不妨让我们先从科幻开始吧，毕竟比起事实，幻想有时候更接近真相。

故事永远起源于偶然，而最终复归于日常。

老刀，一位年近50岁的垃圾工，单身父亲。为了女儿的未来，他穿越北京的3个空间，见到了不同的北京，它们相互重叠又彼此分割：一个是贫困无望的第三空间；一个是中产扎堆的第二空间；一个是控制一切且享受更多的第一空间。

这是中国作家郝景芳的科幻作品《北京折叠》中的故事，因获得雨果奖（科幻文学界最负盛名的奖项之一）而获得不少关注。抛开对这部著作的评价，从这部作品引发的反响来看，与其说它具有科幻色彩，不如说它更具有现实意义，其中暴露的阶层差异以及权力分配，不仅每天发生在虚拟空间，也发生在现实都市之中。

不止北京，中国都市往往自带魔幻现实主义色彩：漫步于上海金融"心脏"陆家嘴，在摩肩接踵、高度不断刷新纪录的摩天大楼的不远处，还有年代久远的公房，不时还会出现各类推车小贩。

这是中国的城市，虽然在物理空间上没有折叠，但是在心理空间上早已经折叠，人们或许天天擦肩而过，但是却难以逾越各自的阶层。随着经济增长的大潮逐渐退去，社会流动性逐渐下降，这一趋势随着最近一波房地产价格上涨而愈加明显。

早年的《蜗居》中海萍千辛万苦在上海郊区买房已经让人觉得辛酸，之后的《欢乐颂》中，看似精明的外资企业白领樊胜美，用尽心思竭力保护的不过是自己过得去的公寓群租生活，而今天的《北京折叠》将视角投向更低的阶层，垃圾工老刀的家只是一个小小的胶囊房，但即使是垃圾工，老刀能够获得这个身份也不容易，也是来自对其父辈作为农民工建设新北京的补偿。显然的事实是，在北京的第三空间之外，还有一些无法出镜的人，无处倾诉，也无从显现身影。

在楼市的"击鼓传花"中，谁是赢家？楼市的造富效应除了造富了地方政府，也产生了一批可以提前退休的城市中产，他们中不少人已经化身为天使投资人，将其楼市收益投向大大小小的创业项目，激励各类创业人员奔向自己的买房梦。

过去二十余年，中国楼市单边上涨的结果就是奖励冒险者，号称"理性"的经济分析在大势面前相形见绌。有经济学家曾经指责中国股市是可看底牌的"赌场"，但"赌场"好歹需要继续运营——中国A股虽然被人诟病颇多，但起码涨跌互见，买者自负其责的常识基本得到普及。比较之下，中国楼市在过去二十余年几乎走出了一个单边上涨市场模式，影响了很多人的生活。

02 挑战：全球十亿"新穷人"的四重困境

然而，世界上没有永远的单边市场，市场经济下的中国也是如此。如此的轮回中，谁是真正的赢家？这一趋势在几年前已经显著，一线城市"地王"仍旧频现，房价上涨风潮甚至蔓延到二、三线城市。比如在"地王"话题最热门的 2018 年，相关数据显示，2018 年上半年上海土地市场共计成交经营性用地 114 幅，总出让面积 425.85 万方，收入 1648.2 亿元。[①]

城市"地王"，不过是近些年来房地产行业扭曲的象征，"地王"头衔往往并不是由主流地产公司获得。中原地产数据显示，2016 年上半年 105 宗"地王"中，52 宗为央企、国企获得；在合计 3288.2 亿元的拿地总额中，1785.8 亿元为央企、国企买单。[②]

"地王"频出，是房地产政策与货币政策的双向结果。就房地产政策而言，为了避免无效建设，中央政府往往期待控制地方土地供给，然而其结果有时和地方政府的限购一样。这一情况不是今天才这样，几年前就可见端倪。据报道，2018 年 5 月以来，北京连续 3 个月没有供应住宅用地，2018 年全年也仅供应了 7 块住宅用地，供应量创历史新低。上海的情况更加严重，2005 年上海供应建设用地 14307 公顷，到 2015 年降低到不足 1900 公顷，10 年时间降低了超过 80%。如此情形下，大量资金追逐稀少供给，价格怎能不飙升？而房屋买家则不过是土地供给的跟随者，在疯狂的价格上涨之前不得不借债买入即使已

[①] 载信衡评估网，见 http://www.xinheng.sh.cn/info_detail.asp?idn339。

[②] 载人民网，见 http://paper.people.com.cn/rmzk/html/2016-07/28/content 1699158.htm。

有泡沫化倾向的房屋。就货币政策而言，监管者的困惑在于无法将资金引导至他们期待的实体领域。目前经济已经有通缩迹象，但是每一次政策放松往往都导致资产泡沫加剧。

如今房地产已经不仅仅是房地产，更是中国家庭最重要的金融资产，其何去何从实在令人难以想象。如果放任房地产泡沫化，一旦有失，其危机将是致命性的，无人居住的房屋和无人购买的商品一样，本质都是过剩产能的结果，不具有任何投资价值。根据中国国际金融有限公司的数据，2021年中国城市房价收入比为12.9，2022年为12.4。这是全国水平，已经远远超过韩国和日本的水平，后两者已经付出惨烈的低收入、低增长的代价。从不同城市来看，数据更为惊人。一线城市2022年房价收入比为30.4，较2021年上升6.89%，二线城市2022年房价收入比为13.3，压力可想而知。[①] 这意味着居民财富的不菲部分要用于买房，这一趋势还能维持多久？未来令人难以想象，过去的上涨经验支撑了单边信念，而狂热的投机心理很可能押注央行最终会实行宽松政策，这种上下拉锯很可能将使市场进入非理性的塌陷状态。

在《北京折叠》中，机器人比人工便宜。处于第三空间的老刀1个月工资1万元，他甚至没见过1万元面值的钞票；第二空间的精英青年在金融公司实习1个月则有10万元的收入；

---

① 参考《诸葛找房：2022年百城房价收入比持续回落 一线城市购房压力加大》，载百家号"房产红榜"，2023年2月14日，见 https://baijiahao.baidu.com/s?id=1757775498661164356&wfr=spider&for=pc。

至于第一空间，10万元对于只工作一半时间的富太太而言，不过是一个星期挣来的钱。小说中描写的奇迹是，那时候的北京居然还有印钞者在继续印钞票，第一空间的人说隔离使通货膨胀几乎传不到第三空间，"印钞票、花钞票都是被能贷款的人消化了，GDP涨了，底下的物价却不涨。人们根本不知道"。小说作者郝景芳是一位经济学博士，但其描写的这样的情景实在太过于科幻，或许这也是第一空间的人一厢情愿的幻想。事实上，在每一次资产泡沫破裂中，最先感受到损失的，注定是底层民众，至于高层，永远是在与泡沫共舞。①

永恒的"天问"在于，这样的游戏还能持续多久？无人知晓。

学区房：套在下一代身上的温柔枷锁

有这样一句话：读了很多书，仍旧过不好这一生。不少人总觉得不好理解，而目前北京学区房的热潮大概可以作为这句话的现实版注解，那就是上了北大、清华，仍旧买不起北京的学区房。

中国房价的走高，让从一流学府进入社会主流的精英也难以承受，也正因此，近几年最热门的感叹是，为什么学历不值

---

① 郝景芳：《北京折叠》，见 https://www.360doc.com/content/25/03188/21/64176506_1149334049.shtml。

钱而学区房值钱？这是中国软阶层的集体困惑，一边是不断攀升的货币数量，一边是居高不下的房价，未来如何对冲？

房产不仅是居住之所，更是中国家庭最重要的金融资产，甚至被视为奋斗的成败标志。按照西南财经大学中国家庭调查与研究中心 2016 年的报告，中国家庭户均资产从 2011 年到 2015 年以 8.8% 的年均复合增长率增长，当时预计 2016 年将达 103.4 万元，全国家庭可投资资产总规模将达 147.5 万亿元。其中，房产在中国家庭资产配置中的占比始终无有匹敌，2013 年和 2015 年，其占比分别为 62.3% 和 65.3%，2016 年占比近 70%。[①]

其中，比起刚需、改善性住房等概念，学区房更像是当下中国社会的一个精妙隐喻。在资源分配不均等、竞争激烈的情况下（比如教育），要拿到竞争资格（比如入学），就要有更多筹码。这一两代中国人，在物质水平极大改善的同时精神也空前紧张，他们既见证了市场释放了能力（学历）的阶段，也见证了背景（学区房）日渐重要的过程，就自身经验而言，他们相信自我奋斗的可能，也看到了下一代成功难度的加大，因此，集体焦虑的加深不言而喻。

换言之，买学区房买的不仅是入学资格，更是阶层晋升的入场券。学区房抢手，是因为好学历由奢侈品变为必需品了，因此家长们才不惜豪掷重金购买学区房。

---

① 见 https://rn.taihainet.com/news/media/hot/2016-10-31/l 862719.html。

有意思的是，日本则基本上没有学区房的概念。同为东亚国家，对学区房的态度完全不同，难道东京的父母们不期待子女优秀？显然不是。

大体而言，日本的中小学分为公立学校和私立学校，公立学校资源比较平均，门槛较低；而私立学校自主性较强，因此好的私立学校要求较高，也分外抢手。公立中小学是义务教育，私立学校则因家庭收入有不同减负政策，这意味着在相同区域，高收入家庭多交学费，低收入家庭少交学费，而大家享受了同样质量的教育，大城市乃至地方城市公立学校的教育水准差别不大。

重要的是，日本没有户口概念，居民只要入住，一般就能享受当地的福利以及入学便利。因此，日本其实没有学区房概念。如果考虑接送等现实问题，当然在好的小学附近居住甚至买房也很有必要。

关于房价尤其是学区房的房价热潮，其要点不在于房子，而在于分配，包括教育资源分布的不均等以及高门槛的户口制度。

当下的学区房热潮，不仅折射了房价问题，更映衬了软阶层社会的特点。阶层固化是社会发展陷入停滞的常态，阶层流动则是社会发展的特征。三四十年来的中国社会，是一个处于变化中的社会，未来阶层状态将趋于稳定。在日本，阶层稳定已经成为社会的常态，但在中国这样一个软阶层社会，学区房现象的背后，还有对于阶层社会的不认命。

说起不平等，日本社会贫富差距虽然在发达国家中已经相对较小,曾经有"一亿总中流"的说法,但随着经济增长放缓,这些年日本社会中也出现了"下流社会""格差社会"(阶层社会)等流行说法。以教育为例,在日本如果要追求水平更高、更好的中小学教育,则可能要选择收费随行就市的私立学校。私立学校对比公立学校,其多元化与教育优势更明显。

以东京大学为例,它是日本最精英化的学校,以成绩择优录取学生,录取和报名比例大概在1∶3。然而进入东京大学的学生,其家庭背景也是以中上阶层家庭为主。不少数据表明,东京大学一半以上学生家庭年收入接近1000万日元,这一水平大概接近普通家庭的2倍。[①]

这个数据很难说明富裕家庭的孩子更努力、更聪明,更可能的解释是他们在进入大学前就得到了更好的教育与培训。从事实来看,如果要上东京大学,那么选择好的私立中学就会把握更大,然而如果没有家庭背景作为支撑,一般家庭要上私立中学还是比较吃力的。

这些年来日本社会对不平等也有很大争议,但有人对此不以为意,理由是对比其他国家,日本的不平等"太温柔了"。表面上看起来确实如此,但是日本民众的感受未必全然如此。

幸福基于比较。比如中国和日本,可以视为一个国别比较的典型案例。不少人都喜欢从文化角度解析中日差别,作为经

---

① 载雅虎日本网,见 https://news.yahoo.co.jp/articles/067e9734a2be00bc7a06b4al4a8db576c9030557。

02 挑战：全球十亿"新穷人"的四重困境

济研究者，我认为文化差异不是主要原因，表现不同主要是因为社会发展阶段的不同。就经济改善而言，中国人基于过去三四十年的经验认为明天会比今天好，贫富不均状况会改善，而且个人很可能是赢家，这也是面对房价上涨，比起公开抱怨，更多早"上车"的人暗地里庆幸的原因。而日本人这20年的普遍经验则是明天还是和今天差不多，至少不平等状况改善不大。幸福感基于比较而不同，从过去到今天，对未来判断的不同，使得当下的心态也受到很大的影响。

时移事异，这是过去的情况，现在的情况则在悄然变化，日本的今天会不会成为中国的未来？学区房走俏，或许侧面说明了民众对未来社会流动性降低的潜在担忧。消费升级被谈论多年，恍然回首最大的消费核心还是房地产。从刚需房到学区房，买入卖出之间，谁是最大的受益者，谁又是最大的失意者？

这也和经济学家阿尔伯特·赫希曼（Albert Hirschman）提出的隧道理论类似，中国还在过高速增长的漫长隧道的过程中，即使眼前暂时黑暗，也对未来充满期待；而日本则已经过了增长的隧道，眼前一片光明的同时前方已经没有惊喜。"需求的形成"和"需求的满足"之间的差距会使人产生"社会挫折感"，当预感改善的可能性变小或者消失的时候，公众的挫折感不言而喻。这时候需要社会提供流动的机会，哪怕这种机会只是一种微弱可能。

实际上，即使房价下跌多年，东京房价对东京人来说也不低，尤其是好地段的房价。有人的地方就有阶层，东京的阶层感，在居住地段中也有体现，"新钱""老钱"在不动声色之间，同样拎得清清楚楚，不过多数情况下也仅止于此，毕竟人人平等的观念随着战后民主主义运动的发展已逐渐深入人心。比如东京人偏好港区等区域，入住者往往多一份身份的光环，这些区域的学校等公共配套设施很好，但是这并不意味着旁人无法进入，港区不少高档公寓往往用于出租，外国人比例并不低。

房价或者学区房，背后仍旧是软阶层的社会筹码。

软阶层与职场：
从杜拉拉到《四重奏》看中日阶层观

透视不平等的时代节奏，流行元素是最好的工具之一。当家庭阶层取代个人奋斗，时代偶像剧的人物设定也会随之改变。

前些年流行的电视剧《欢乐颂》有点类似中国版的《欲望都市》，围绕着上海欢乐颂小区 22 楼 5 位女性的故事展开。《欢乐颂》的人物设定类似一款游戏，5 位女性各有特点，除了个性之外，从不少因素看起来，更多地是由家庭出身，其实也就是阶层来决定其见识能力。从美国华尔街归来的精英安迪时时秀智商；上海土生富二代曲筱绡，分分钟证明了自己不仅勤奋，而且天生懂赚钱、有格局；即便是三线城市"官二代"出身的关雎尔，在剧中保守又勤奋不说，剧里的旁白、对话也显示出她的眼界不凡。

作为对比的就是剩下的"二美"。因为失恋而读励志书的邱莹莹，其单纯被处处当作"无脑"人士。最有意思的就是"樊姐"樊胜美，虽然家庭一般却力争上游、心比天高、处处要强，纵然聪明伶俐、处事圆滑，很多时候还是抵不过旁白一句"安迪终于明白为什么樊胜美人情世故如此练达，却依然混迹在中下游，她不过是个办公室油子"。甚至她的"小跟班"邱莹莹，也不止一次觉得自己眼中最好的樊姐其实不如安迪与曲筱绡，就连关雎尔从外地赶来的母亲，也可以关上门就在背后嘲笑以混搭自诩时尚的樊胜美的穿衣品味，直接暗示其审美水平不行。可悲的是，在婚恋上樊胜美兜兜转转，最终委身高中同学——一个自主创业的小老板。但无论是22楼的朋友，还是男友的母亲，反而都认为她有一点高攀的意思。

在剧中，阶层足够，即使不学无术、行事霸道如富二代曲筱绡也能成为励志故事的主角；而如果阶层不够，再努力也显得笨拙，吃相难看。30岁的樊胜美做到外企资深人力岗位算不算失败？这在社交媒体上引发了不少讨论。女性、外企、行政类岗位……人物背景如此熟悉，大家难道忘了当年一起追的热播剧《我是杜拉拉》中的杜拉拉了吗？

樊胜美 VS 杜拉拉

杜拉拉是2007年出版的小说《杜拉拉升职记》中的女主

角。《杜拉拉升职记》最火爆的时候，堪称"励志版职场宝典"，很多职场专栏作家都曾对其做过分析。杜拉拉当时风靡全国，成为职场成功人士的象征。除小说之外，还有电视剧、电影、话剧等系列衍生文化产品。

《欢乐颂》的播出距其不到 10 年，真相可能是，等杜拉拉变成资深职场人，就成了樊胜美。两个人都不是一流大学毕业，都是大城市的外来者，都靠自己的努力进入外企，在没有过硬专业能力的情况下都选择了人力资源的职业道路。杜拉拉努力 8 年，从一个入门的行政助理成长为人力经理，而樊胜美与其资历相仿，也是外企资深人力经理——从某种意义上说，樊胜美看起来应对工作更驾轻就熟。

当然，不否认不同外企有差异，但是隔了不到 10 年，大家对两者的态度如此不同，令人深思，从中也可以看出世道人心的变化。樊胜美个人职业的"一平如水"，不过是续集版的杜拉拉，而她遇到了职业瓶颈，甚至在 30 岁之后转行去做理财顾问，倒也对应了这些年外企在中国日渐失去优势以及民间金融"野蛮生长"的状况。

杜拉拉的道路，是相信凡事努力就有可能；而对樊胜美来说，结局未必如此。剧情如何设定不好说，但是剧情之外的情况未必那么乐观，毕竟随着经济下行，昔日理财产品闭着眼睛都能保持 8% 安全收益率的日子已经过去。

10 年不到，风水轮流转。过去的杜拉拉被视为成功者的象征，而今天的樊胜美在不少人眼中成了失意者的象征。这很可能揭示了一个趋势——在不少人眼中，财富阶层取代专业职位，背景出身取代职场套路，成为最新的成功定义。

《欢乐颂》VS《四重奏》

《欢乐颂》与《四重奏》，两者名字同样和音乐有关，日剧《四重奏》的情节设定也与《欢乐颂》不无类似。《欢乐颂》讲的是5位在上海核心区域的公寓楼生活的女士的迥异人生，《四重奏》讲的是4位背景不同的乐队成员在轻井泽别墅的故事。通过中日社会对比可以看出，两部剧有着不同的曲风与变奏。

在《四重奏》中，4位背景不同的男女因为音乐相聚，他们分别是第一小提琴手卷真纪、大提琴手世吹雀、中提琴手家森谕高以及第二小提琴手别府司。因为音乐，他们偶然地相逢，组建了名为"甜甜圈洞"的四重奏乐队，聚集地点就在别府司家位于轻井泽的别墅。艺术并不能解决他们生存与生活的问题，他们的沉重过去也与当下和未来纠缠在一起。

《四重奏》的编剧是曾经写出《东京爱情故事》的坂元裕二，其台词中金句不少，但风格仍旧是日剧的一贯慢节奏。有人喜欢，有人不喜欢。比起里面各种金句台词，剧中无可奈何的颓丧气息即经历生活之后承认自己其实奈何不了现实，更耐人寻味。其基调被认为是"小确丧"，据说这个词是对"小确幸"的反题，是指日常生活中不可避免的小丧气或者小忧伤。

在某种意义上，《四重奏》里面的人都不是主流人物，也没有追求成功的可能与想法，说起才华与努力，其实也就是三四流水平，但是即便如此，他们还是在努力获取自己的位置。

贫富差距在这两部剧中都有所体现，但在《四重奏》中，其对人物设定影响不大。比如在《四重奏》中，富家公子别府司提供了整个乐队的住所，他的身份也几次被谈及。但是他的演奏水平、见识、眼光甚至人品，并没有因为家庭出身良好而获得分外提升，他欺骗他人，也被他人欺骗。四人之间的关系是平等的，甚至出身寒微并以欺骗者形象登场的世吹雀处处成全他人的人性光辉，几乎盖住了片尾的高潮。

对比之下，《欢乐颂》表面的其乐融融之下，却映射出几位主人公背后的阶层差别。对比另外"三美"的挥洒自如、左右逢源，家庭一般的邱莹莹被富家女骂着去"奋斗"，显得邯郸学步般笨拙，冰雪聪明、人情练达的樊胜美，不仅被打上虚荣的标签，而且即使仗义也显得多余，更不用说还有对其职业生涯的瓶颈之讽。

这种看似写实却处处灌输褒贬的视角，和安迪讽刺邱莹莹看励志成功学书籍一样，是"五十步笑百步"，本质上还是用金钱决定人生输赢的格局。

我并不是说《欢乐颂》的故事不真实，相反，值得深思的地方正在于：大家不仅觉得这很真实，而且认同并追随这种真实。或许有一天，中国的中产在更富裕一些之后，能从在大城市奋斗拼搏的劲头中稍微缓过劲来，能够多一点《四重奏》中的那种无关阶层的"小确丧"。

中国的阶层与日本的格差

有人的地方就有差别，中日社会都存在阶层鸿沟，但是对其的态度却多少有些差异。

伴随着经济停滞多年，过去号称"一亿总中流"（中产）的日本社会对阶层不平等也颇有感触，"格差社会"（阶层社会）、"下流社会"等词语近些年在日本也很流行。比如东京这些年流行高楼大厦，房价往往因为楼层不同而有区别，高楼层往往比低楼层贵很多，这甚至产生了一种说法，即"楼层格差"。

这从热门日剧《东京女子图鉴》中的一个情节也可一窥。秋田县小地方出身的女主角绫，为了梦想来到东京，通过奋斗成为外资品牌经理，算是谋生也谋爱的东京女郎代表。她也经历了形形色色的梦想实现与幻灭时刻，比如某一次她因为好友介绍，和一位港区男子相亲。这位男子生在港区、长在港区、上学在港区、工作在港区，甚至把约会地点也选在港区。不仅如此，他的朋友也自然都是在港区认识的，往往从父辈甚至祖父辈就开始结识交往。因此，有点势利眼的角绫对其还算满意，觉得对方是"理想再婚对象"，此刻对方却亮出底牌，非港区女不娶。结果两人相亲没有成功。这也部分解释了这位看似优质的男子为何一直单身。

归根结底，虽然港区男拒绝的姿态有些居高临下，但理由却不算咄咄逼人，他认为港区男女彼此家庭熟悉，方便相处。从这个细节也可以看出，日本社会的情况是大家承认阶层差别，而且这种差别在很大程度上也影响社交前途和个人发展，人们也安于这种差别。毕竟，这种差别在第二次世界大战前就已经存在，且不会构成人和人本质上的区别，人和人本质上是平等的。

中国的情况可能有点不同，大家或许可以默许甚至接受人和人的不同，却不太能接受阶层的差别，所以近年来关于阶层固化的讨论声音不少。中国人对眼下的情况间有抱怨，对未来却更多是乐观，希望在变化中谋求机遇；日本人可能更多是对眼下满足，对未来则有些悲观，希望在稳定中肯定自我。所以在日本梦想一夜成功的人很少，他们多数人在社会中都有过得去的生活，但是要骤然显达，确实也不容易。

有人认为，中国人对奋斗还有强烈的欲望，而日本人对金钱的欲望则已经比较寡淡。人性背后其实也是社会生态。在中国生存不易，但有发达的可能；在日本，大家按部就班，生存不难，但发达不易。

日本人的个人主义，在一定程度上体现在安于现状，这本质上是由社会大背景造成的，即使由上流阶层滑落到下流阶层，也还是可以有基本体面的生活。但在北京或者上海，在这些中产定义门槛最高的地方，不绚丽的成功就是失败，或者说，这是大家认为的失败。

当下的中国，无论是热播剧还是各类鸡汤文，其类似的套路背后都有一种浓厚的"爱拼就会赢"的乐观情绪，每个人都不仅相信有极大的可能成功，甚至自我期许只许成功不许失败。

02 挑战：全球十亿"新穷人"的四重困境

过去大家单纯鼓励努力，如今情况变得更复杂，如果努力还是不行，那么多半是你的家庭阶层不行，导致了你的眼界、能力和情商与他人存在差距，比如社交媒体上对"我弱我有理"的全面围剿与全盘批判就是一个典型，其背后也映衬出一种成功即正义的理念。

软阶层时代意味着没有那么多成功人士，也意味着需要一个更宽容的环境。除了礼赞安迪、曲筱绡、关雎尔理所应当的成功或者天生的优秀，人们也应该给予樊胜美的局限、挣扎、突破，甚至邱莹莹的笨拙、努力以相应赞美，否则这多少有点让人怀疑，不仅仅是以成败论英雄，更像是以出身论成败。一个更好的社会，可以是成功者的天堂，却不应该是失败者的地狱。

虽然菲茨杰拉德（Fitzgerald）说富人与你我不同，但他在书写纸醉金迷、贫富不均的美国爵士时代的《了不起的盖茨比》中，开篇就写道："父亲给了儿子一个智慧的忠告：当你想批评他人的时候，你要了解，并非世上每个人都拥有你拥有的东西。"[1]

面对不均等继续扩大，如何使其不伤害多数人，将是全球软阶层时代需要面对的难题。

---

[1] ［美］斯科特·菲茨杰拉德：《了不起的盖茨比》，邓若虚译，南海出版社2012年版。

软阶层与教育：寒门或难圆梦

教育往往被认为是改变阶层的最重要的途径，但在软阶层时代，一切都开始改变。

以往的教育在选拔机制下，被当作改变命运的重要手段，今天的教育更回归其本质，那就是内在的自我提升。这意味着，我们需要习惯软阶层社会的规律，不再汲汲于改变命运，在独木桥上争夺成为人上人的机会，而是重新学习寻找作为普通人的快乐与充实。

全球不平等，如同一个新的幽灵，游荡在不同国家，无论是哪个国家，都有新的问题。努力就能改变阶层的"美国梦"，也面临新的危机，即使是教育领域也难以幸免，这或许将动摇"美国梦"的根基。作为世界发达国家的风向标，美国的情况其实更值得关注。

20世纪80年代末，一位中国学者曾经去美国游学，他到美国之后，感受到了现实美国和想象中的美国的差异，游学回来后，他写了一本书——《美国反对美国》，比较接近中国版本的《论美国的民主》。在书中，他开篇就提出了一个问题："为什么会有美国？"

这一问题看似简单，背后则是不尽的反思。对自由和平等的追求，成为美国建立200多年来的基础，然而，多数情况下，平等往往是机会平等而不是结果平等，甚至仅仅是政治平等，经济平等与社会平等仍旧在追求中。

"中国梦""美国梦"的背后都关乎阶层。

"贫穷带来的远不止痛苦、挣扎与迷茫。尽管它狭窄了我的视野，刺伤了我的自尊，甚至间接带走了至亲的生命，但我仍想说，谢谢你，贫穷。"18岁的河北农村女孩王心仪，在2018年高考中取得了707分的成绩，在被北京大学录取后，她写下了这段话。录取通知书到达之时，她一人在异地打工，媒体报道其母体弱多病，一家六口全靠两亩地和父亲外出打零工的收入维持生计。

从20世纪50年代到2000年年初的中国高等教育史，曾经被学者称为"无声的革命"，但是在一些重点高校中，农家子弟占总人数的比例仍旧低于在普通高校中的比例。以北京大学和苏州大学为例，1952年至1999年间，北京大学新生中农家子弟占15.01%，苏州大学的农家子弟占比为25.37%。据北京大学学者刘云杉等人的统计，1978年至1998年间，北大学生中农家子弟约占30%，此后开始下滑，2000年之后，农家子弟一度只占10%左右。[1]

---

[1] 刘云杉、王志明、杨晓芳：《精英的选拔：身份、地域与资本的视角——跨入北京大学的农家子弟（1978—2005）》，载《清华大学教育研究》2009年第5期。

网友索尔是来自陕西的农村孩子，他在当地县级中学复读了一年，以全县第 5 名的成绩考入一所"985"院校，学校里有一位来自省城超级中学的"差生"，成绩排在下游，所以"只能考我们学校"。大学毕业前夕，索尔回乡参加同学的婚礼，听到了一个好消息和一个坏消息："好消息是，教过我们的大伯今年要退休了，这位有着 43 年教龄的乡村教师，回想职业生涯最得意的是，这辈子总算培养出一个大学生，也就是我。他的许多同事，穷尽一生也没教出一个大学生。坏消息是，村小班上的 5 个男生，如今就剩下俩人了……"[1]

在软阶层社会中，教育的焦虑会更加严重，这其实是因为竞争加剧了社会流动放缓的自然结构，教育成为新的"军备竞赛"。不用说北清复交（北京大学、清华大学、复旦大学、上海交通大学）在北京、上海的招生比例之高，更不用说一线城市中产家庭的孩子往往以美国常春藤名校作为目标，这甚至只是入场券，不是必杀技。

中国的教育，尤其是高考，始终是中下阶层改变命运的重要途径。只是知识改变命运的力量不再那么强大，在软阶层社会，大家会日渐焦虑于教育的投入及其回报。但是在一些真正阶层固化的地方，也许教育就不再那么被重视，穷人家的孩子

---

[1] 《教育鸿沟：她小学就有外教，我上大学才见过外国人》，载百家号"真实故事计划"，2018 年 4 月 3 日，见 https://baijiahao.baidu.com/s?id=1596694018248165635&\wfr=spider&for=pc。

索性不读书，更不用说上大学，学费无法负担是一方面，书读得再好也不一定能改变命运则是更深层的考虑。

除了地域与收入，随着为人父母日渐成为专业问题，陪伴质量、金钱投入、受教育水平以及人脉等的不同，也决定了孩子成长道路的不同。在教育因素中，个人努力不再是唯一的决定性因素，家庭因素日渐重要。

更不用说，除了高考，职业选择与个人成长将更多受到家庭教育、见识与背景的影响，家庭关系的影响更为重大。在谈到阶层鸿沟的时候，不同的人有不同看法。看不见的天花板始终存在。

中国有中国梦，美国有美国梦，不同版本梦的背后都关乎阶层，教育在其中扮演着重要的角色。高等院校，过去总被认为是择优录取，也是全球中产阶层最为看重的领域之一。但是近年来高等教育领域正在发生微妙的改变。

精英大学，本来被视为阶层改变命运的关键，如今越来越倾向于特精英阶层。近年调查显示，在日本最为精英化的东京大学中，有 62.7% 的学生家庭年收入超过 950 万日元（约 52 万元人民币）。这是什么概念呢？一般情况下，能够达到这种水平的家庭只有 12.3%[1]，可见东京大学的学生多数不是来自一般家庭。

---

[1] 详见东京大学2016年发布的《学生生活现状调查》与日本文部省相关报道。

即使在看起来讲求平等的美国，情况也在发生变化。2019年，美国媒体曝光了一起名校招生丑闻。美国联邦调查局指控，33名富人家长（他们有的是演员，有的是公司高管）通过行贿等手段，让自己的孩子成为体育特长生，借此增加他们的入学机会，涉及的名校有耶鲁大学、斯坦福大学等8所世界顶尖大学，涉及金额高达2500万美元。[1]

这桩丑闻是迄今美国最大的招生舞弊案之一，引发广泛关注。这种违法行为只是美国高校招生的冰山一角，更多合法的特权问题引发了人们的思考。在美国顶级高校中，还存在一些隐形而合法的安排，比如巨富捐资建楼换来子女入学机会的传闻始终甚嚣尘上，而影响最大的就是"校友子女偏好"的录取政策。这意味着，校友子女可以获得优先录取的资格，而且被录取的概率远远高于其他学生，甚至可能高出几倍。比如，根据哈佛大学校报《哈佛深红报》报道，在哈佛大学的2018级学生中，通过"校友子女偏好"而被特招的学生的比例高达36%。[2]

精英学校在其诞生之初，类似小俱乐部，培养精英。在民主时代，这样的封闭姿态被有意识地抹去了，如今却又有卷土

---

[1] 详见《金融人士与演员被指控利用贿赂让孩子进入常春藤联盟》，载《金融时报》。

[2] 参考自《哈佛大学校报》，见 https://features.thecrimson.com/2018/freshman-survey/makeup/。

重来的趋势。有意思的是，即使表面的校友照顾被取消，精英学校对特权阶层的青睐仍有增无减。英国议会议员戴维·拉米（David Lammy）曾在 2018 年指出，牛津大学超过 80% 的学生来自最顶层的两个社会阶层。[①]

如今精英大学学费水涨船高，对软阶层来说，通过精英教育向上攀登已经越来越艰难了，这将成为一场越来越输不起又几乎注定会输的赌博。

攀比的痛苦

对于软阶层而言，即使他们有幸迈过一般中产的门槛，站在所谓真正的上流社会大门前，压力还是很大，纸醉金迷只是一种想象。

在阶层竞争压力之下，攀比日渐成为常态，这种特征既激发了软阶层向上的野心，也刺痛了他们的现实处境。

这种生态，其实不仅在国内如此，国外也是一样，这不仅仅是虚荣，甚至成为生活的重点与存在的证明。一位搬入纽约上东区的妈妈薇妮斯蒂·马丁（Wednesday Martin），虽然有耶鲁大学的博士学位，出版过畅销书，却也经历了从中产到上层的观念冲击，比如房屋中介都用香奈儿包，而妈妈们则偏好爱

[①] 详见《领导者：大学入学骗局未完待续》，载《金融时报》。

马仕铂金包，衣着随意的人在这里没有价值。更进一步，她发现上东区女性聊天的焦点往往是孩子的学校，这成为社交中衡量人的潜在价码的重要标志。

以下对话来自她的《我是个妈妈，我需要铂金包》一书：

> "嗨，我是艾丽西亚，我小孩安德鲁和亚当念艾伦 – 史蒂文森（Allen-Stevenson）——你孩子也是，对不对？""不是欸，我孩子念学院中学（Collegiate）（砰！这下子位阶定出来了，这个人的地位比问话的人高，因为她的孩子念的是全国排名最好的学校）……不过我朋友玛裘利4个儿子都念艾伦 – 史蒂文森（言外之意：我朋友玛裘利非常有钱喔——有钱人才有办法生4个小孩。我和她是朋友，所以我也很有钱）。搞不好你们两个认识，你孩子几岁？""真的吗？我两个外甥也念学院中学（她在告诉对方，她本人的位阶只比排名最好的学校低一阶，她姐妹的孩子念最好的学校，所以她也差不多跟她算是同一阶层的人）。我外甥是双胞胎，念二年级，你听过他们的名字吗？戴文和戴顿。"①

---

① ［美］薇妮斯蒂·马丁：《我是个妈妈，我需要铂金包》，许恬宁译，中信出版集团2018年版。

你可能觉得可笑，但是当你置身于评价体系比较单一的环境中，你的竞争也将变得单一。国内一般就是比较一下本科及以上学历，但是海外很多人会从高中、初中甚至幼儿园开始比较。你从小上什么学校，往往就暴露了你的阶层。

过去，软阶层还是初级版本，更多是以金钱作为壁垒，以后关于地位、名声之类的透明天花板会越来越多，在落差之中，人们的痛苦指数也会加大。为了维持高高在上的阶层面子，纽约上东区繁华的背后也有寂寞，就像上文所谈的作家薇妮斯蒂，她在找房子的过程中，发现不少表面豪华的房屋，配有戴白手套的门童，还有擦拭银器的女仆，但内部却往往年久失修，地毯磨破，墙壁发黄。有意思的是，这些房间的客厅，标准配置都有首屈一指的私立学校的毕业证书，往往是裱好框，有烫金拉丁字母。

将两种细节结合起来，薇妮斯蒂恍然大悟，那些屋主之所以要卖房子，就是因为过去为了维持这些管家与私立学校等支出，消耗了全家大部分的收入，即使家里山穷水尽也要维持表面体面，直到孩子毕业。"私立学校的文凭和豪宅的管家，不只是虚荣的地位象征，不只是你骄傲地在众人面前炫耀的东西，而是如果你是上东区人，你就一定得有。那些东西非常重要、非常基本，为了支付学校和管家的费用，你什么都能省，宁愿不要新地毯，不要装潢一新的厨房，家里破破烂烂也没关系。"[1]

中美软阶层形态不同，但其实焦虑并无区别，中国部分软阶层的私立小学和保姆，未来还能维持吗？一切细节背后，其实也有历史变迁。

能否获得比自己父母更好的或者说与其相当的机会，仍旧是衡量下一代是否成功的主要指标，尤其在教育仍旧是改变多数人命运的主流途径的情况下。无论有意无意，当下中国多数父母都是向往成为"虎爸""虎妈"却又为现实所累的，尤其是中国中产阶层，整日奔走于学区房、奥数班、国际学校之间，焦虑的原因不仅是子女的教育，还有社会阶层的流动。

有意思的是，在一个稳定的社会中，不少中上阶层的父母会认可自己子女的命运可能不如自己，因为有时代和努力程度等因素的差异。但现在，很少有父母这样认为，他们认为子女比自己当年占据的起点更高，阶层提升的速度也要高于自己，而社会经济的变化也给了他们这样的预期，阶层如同房价一样，只会向上而不会向下，最不济也应该保持在原有阶层。

在过去，阶层跃升而不是阶层固化，成为中产阶层父母心之所往，而在未来，软阶层社会的到来将使先知先觉者逐渐明白，保持在原有阶层就是胜利。

---

[1] [美] 薇妮斯蒂·马丁：《我是个妈妈，我需要铂金包》，许恬宁译，中信出版集团2018年版。

在过去，年轻人享受了经济增长与社会开放的最大红利，但是当他们成为父母，其下一代可能没有那么幸运了，这或许是"70后""80后"中产父母最为焦虑的原因之一。即使是看起来很成功的中产父母，哪怕对子女教育倾注再多精力，也会遇到一些意想不到的糟心事，让他们意识到自己离软阶层或许并没有那么远。

孩子成为当代社会的"奢侈品"，即使在放开二孩政策之后，中国的生育率也没有出现暴涨。英国《金融时报》旗下《投资参考》的一项调查显示，接近60%的中国城市受访者表示限制生育的最大因素是费用，只有4%的受访者表示是政策限制。在调查中，在要不要多生一个孩子的问题上，随着家庭收入的增加，受访者对抚养费用的考虑越少。①

与此同时，就在软阶层还在为是否能承担得起二胎的抚养而左右为难之际，对富人来说，比拼孩子的多少已成为时下的新潮流。对比之下，中产父母只能以竞赛一般的心态比拼教育，但不少企业家出现分化。不少企业家，哪怕是女性，认为对孩子的教育与成长的要求不必过于严苛，其最本质的原因在于，他们知道自己的孩子不需要凭教育改变命运，不必和中产的孩子竞争。

最迫切比拼教育的是软阶层，但结果却可能要辜负中国多数父母的雄心壮志了。BBC（英国广播公司）的纪录片《人生

---

① 参见《调查：中国人为什么不愿意多生小孩？》，载《金融时报》。

七年》引发了很多讨论，这部纪录片记录了不同社会阶层的人从 7 岁到 56 岁的经历。即使这半个世纪是英国打破阶层社会壁垒走向平权的时代，但最终大家发现阶层跃升的例子依然很少。从小喜欢看《金融时报》的孩子和在孤儿院长大的孩子的人生道路就是不同，其中除了个性、努力和运气因素，阶层也是很重要的因素。中下阶层的孩子，即使努力，眼界也受到很多限制，就像他们不太会设想自己可以从政，如纪录片中两个黑人孩子都选择了教师作为职业，因为他们无法想象自己可以成为律师，而中产阶层的孩子很容易追随亲友的脚步而选择律师等收入更高的职业。

最近半个世纪的阶层固化，已经成为全球的趋势。即使在追求自由奋斗的美国，阶层固化也正在成为现实，美国政治学家罗伯特·帕特南在《我们的孩子：危机中的美国梦》一书中展示的正是这样一幅立体图景。罗伯特·帕特南曾经担任美国政治学协会主席，荣获美国政治学界最高奖约翰·斯凯特奖。当然，他的肯尼迪政府管理学院院长与欧美政府顾问的身份也为人熟知，他的《使民主运转起来：现代意大利的公民传统》和《独自打保龄：美国社区的衰落与复兴》等书都获得过业内不少肯定和引用。

成功的研究往往植根于最贴近生活的经验。罗伯特·帕特南出生于 1941 年，来自美国俄亥俄州一个叫克林顿港的小镇。在他成长的 20 世纪 50 年代，高中毕业典礼时全镇居民都会出

02 挑战:全球十亿"新穷人"的四重困境

现,学生们都被叫作"我们的孩子",全班所有的孩子都能获得体面的人生机遇,无论其出身与种族。

帕特南所在的高中班上,当时仅有两名黑人同学,在关键时刻都获得了好心人的帮助,获得了接受高等教育的机会,实现了自身的阶层跃升。对比之下,班上最富有的同学弗兰克(Frank),虽然是富家子弟,却也和大家一样低调,其家族也谨慎、低调地面对他们的社会关系。"当你身在克林顿港,周围的孩子们都只买得起一罐可乐,那你也只能买可乐。"[1]

假期到了,处于青春期的弗兰克也和大家一起打工,被区别对待无非因第一个戴牙箍、去佛罗里达别墅度假等细节。大学毕业后,弗兰克参加了海军,退役后在《哥伦布邮讯报》做编辑,20多年后被炒鱿鱼回到家乡,依靠家庭基金过着半退休的生活。弗兰克也许可以被看作一个富人阶层往下流动的案例,他的家族财富可以让他的人生安稳,但这份财富并不意味着他可以踏上"一飞冲天的跳板",使他可以步步领先于同龄的普通人。

然而,50年之后,和弗兰克不同的是,帕特南功成名就,再来审视故乡,却发现一切已经改变了——昔日人人可以力争中游的美国梦,似乎逐渐演化为一场美国噩梦。随着经济凋敝与富裕

---

[1] [美] 罗伯特·帕特南:《我们的孩子:危机中的美国梦》,田雷、宋昕译,中国政法大学出版社 2017 年版。

移民加入，整个社区沿着一条马路被分为两个世界，马路一边以中产阶层新贵为主，这里的儿童贫困率只有1%，而另外一边则是51%。

在马路这边，弗兰克这样乐于融入社区的富裕阶层不再是主流，取而代之的是积极争取自我利益的中上阶层，比如切尔西（Chelsey）一家。他们住在一幢白色豪宅里，在阳台上就可以俯瞰伊利湖的风光，切尔西的母亲温蒂（Wendy）拥有硕士学位，并竭尽全力抚育切尔西和她哥哥。温蒂可谓是一个不折不扣的美国"虎妈"，她从不间断对两个孩子的督促，自称是"真正的分数狂"，强势为儿女争取奖学金，甚至不惜和学校翻脸，也要不间断鼓励儿女进行各类兼职。最后，兄妹俩高中毕业时均能排名全年级的前10%，就读于美国"十大盟校"中的同一所，切尔西的下一步计划则是追随外公的脚步，成为一名律师。

在马路那边，则是另一片天地。大卫（David）这样的孩子成为主流。大卫来自一个支离破碎的家庭，父亲没有读完高中，如今身处监狱，父母很早就离婚了，他自嘲"妈妈"这个词在他的生活中就不存在。大卫整个人瘦得皮包骨头，生活也充满艰辛，童年记忆总与毒品、酗酒及父亲的混乱女友有关，他有9个同父异母的兄弟姐妹，仅小学他就上了7所不同的学校。

大卫的学业状况可想而知，不过他每次临时抱佛脚也能过关，在老师的帮助下，最终也拿到了高中毕业证。但是因交友不慎，他也给自己带来了麻烦，13岁的他因为非法闯入多家商铺，被判在家中监禁5个月，从此留下少年犯罪记录。因为付不起"区区几百美元"的法律费用去删除这一档案记录，所以现在找工作也很困难，即使努力也往往和机会擦肩而过。

虽然大卫是白人，并且也强烈渴望接受高等教育，但一直没有机会，父母的声名狼藉导致他和兄弟姐妹一直无人关心。"在学校这么多年，从来没有老师和辅导员给过他有用的指导，至于他的父母更是爱莫能助……整个克林顿港从未有人对他施以援手。"[1]

隔着一条马路，就是两个区域，或者说是两个美国的象征，"两边的孩子各自驶向彼此不同的人生。早在出生的那一刻，孩子们的命运就已经被决定"[2]。在20世纪50年代，工人阶级的孩子在求学路上，还可以得到来自家庭或校方的鼓励，靠自己的努力可以争取上大学，而今天的大卫则没有那么幸运，对于他悲惨与游荡的人生，全镇的人"安之若素"。

大卫和切尔西的对比不是个例，这些生动的案例背后有着强大的数据支撑，克林顿港也不是特例，而是整个美国的缩影，类似的故事正在美国各地上演，从俄勒冈州的本德镇到亚特兰大，从加利福尼亚州的橘子郡到费城。这些研究体现了帕特南为学的

---

[1] ［美］罗伯特·帕特南：《我们的孩子：危机中的美国梦》，田雷、宋昕译，中国政法大学出版社2017年版。

[2] 同上书。

特点：既有微观形象的案例，更有翔实的长时段调查数据作为支撑。

20世纪50年代的社会经济壁垒还处于20世纪的历史最低点，而美国最近50年的阶层剪刀差加大是不争的事实，值得注意的是，父母状况尤其是母亲受教育情况对子女受教育情况有着显著影响，比如受过高等教育的女性生育年龄不断提升，而没有受过高等教育的女性的生育年龄则继续下滑。

同样是年轻母亲，阶层不同也会有不同的境遇，这从流行美剧中的人物设定中也可见一斑。美国情景剧《老妈》讲述了一个中下阶层家庭的故事，克里斯蒂（Christie）是一家餐厅的服务员，母亲在17岁时就生下了她。她曾经酗酒成性，也是个17岁就产女的单身母亲，她多么希望生活可以重新开始。不幸的是，无论她如何努力，一家三代都未能走出17岁生育的命运。与此对比，《吉尔莫女孩》讲述了一个上流阶层的故事，罗蕾莱（Lorelai）未婚先孕，年仅16岁便生下了女儿罗里（Rory），为此她与富有的家庭决裂。虽然罗蕾莱没有上大学，但是她的女儿在家族的帮助下去了私立高中，也顺利进入常春藤名校。

世俗的肥皂剧往往会在不经意间暴露社会最流行的观念，这些美剧并不是刻意要描写年轻母亲，但正是在人物设定方面并无刻意的安排，更让人嗟叹。

社会流动性下降、阶层固化背后的最大原因是什么？社会资本是一个重要因素。过去美国社区中的穷人和富人混杂，即

02 挑战：全球十亿"新穷人"的四重困境

使在种族隔离的时代，黑人和白人的孩子也可以拥有课堂之外的社交，亲近的邻里关系使邻居之间彼此熟悉，社区中的孩子是大家的孩子，被认为是"我们的孩子"，当这样的孩子遭遇挫折以及需要帮助的时候，社交网络就会发挥作用，甚至充当"安全气囊"。

从现实情况看，在法律无处不在的现代社会，中产阶层的孩子即使触犯法律，他们往往也有机会请到更好的律师，得到更好的辩护，即使进入监狱也会被区别对待。

波士顿女孩派珀·埃雷萨·克曼（Piper Eressea Kerman）出生于 1969 年，她是典型的中产阶层女孩，毕业于美国史密斯大学，其家庭成员中有多位律师、医生与教师等，堪称 WASP[①] 达标。

派珀也有少不更事的时候，24 岁时曾经帮助毒贩朋友运送贩毒的钱，几年后被发现，随后被判入狱 15 个月，这一经历让她体验了与以往完全不同的文化。这一过程甚至被她写进回忆录，随后还被改编成热门美剧《女子监狱》。不过有意思的是，在剧中渲染的恐怖气氛之中，可以看到作为中产白人的女主人公仍旧得到了他人有意或无意间的不少照顾。

社区的分割会导致人们走向不同的人生道路。过去社区的

[①] WASP（White Anglo-Saxon Protestant），以前是指信奉新教的盎格鲁-撒克逊裔美国人，后来也泛指信奉新教的欧裔美国人，是共和党的重要支持者。

混杂情况，事实上造成了社会机会的均等化，但是随着中产阶层新贵的兴起，邻里隔离和学校隔离加剧了对不同阶层孩子的区分，贫穷的孩子往往只能接触与其状况相似的玩伴以及接受相对低质的教育，而富有的孩子从小就有机会接触更高阶层的同伴与教育。

在某种意义上，儿童贫富情况是阶层差异的具体体现。日本也存在类似的情况，日本社会过去被称为中产阶层社会，即使近些年其基尼系数有所提升，但是整体社会在贫富差距方面比美国要好一些。然而这种表面均等之下，在经济发展萎靡持续20年后，社会整体贫困率上升，其中最典型的差异体现在儿童身上。

贫困儿童一般是指生活在贫困家庭的儿童。值得注意的是，随着经济发展，日本等发达国家的这种贫困不是绝对贫困，往往表现为相对贫困，即家庭收入低于国民收入中位数某一比例（日本是50%，有的国家是30%或者40%）。按照日本厚生劳动省的数据，2012年日本16.3%的17岁以下的未成年人处于贫困状态，达到1985年有调查以来的最高值。2021年，18岁以下"相对贫困率"降低到11.5%，但如果只看单亲家庭情况，该比例则高达44.5%。①

相对贫困可能不像绝对贫困那么醒目，但对孩子的未来潜

---

① 见http://world.DeoDle.com.cn/n/2015/0828/cl002-27529783.html; http://news.cnwest.com/tianxia/a/2023/07/07/216696ll.html。

02 挑战：全球十亿"新穷人"的四重困境

能也有影响。中国的情况难言乐观，根据北京师范大学中国收入分配研究院和中国发展研究基金会的报告，2013年中国仍有16.7%的儿童处于相对贫困线以下，处于绝对收入贫困状态的儿童还有1080万人。[①]

20世纪50年代和今天的对比源自不同的价值观，罗伯特·帕特南认为他父母那一代会把所有孩子视为"我们的孩子"，但今天的克林顿港却丧失了这一信念，甚至几乎没人在乎这些孩子的不幸。更进一步地讲，过去的美国社区是更有凝聚力、社交网络更有活力的社区，今天的美国社区的凝聚力日渐下降，社交网络活力下降。换言之，美国社会的社会资本今非昔比。

在帕特南的记录中，在20世纪50年代，当他的高中同学遭遇困境时，即使是黑人孩子，即使处于种族隔离制度之下，社区中总有人会挺身而出，这些人可能是学校老师或者是球队教练，抑或只是教堂里遇到的长者，甚至是身披皮草的贵妇。因此，一个孩子的人生之路，首先取决于他们的"才华"和"进取心"，而不是他们的出身与阶层。

克林顿港的20世纪50年代似乎是一个黄金时代，虽然当时也有阶层差异存在，但有着相对公平的社会流动性，这也是

---

① 北京师范大学中国收入分配研究院：《中国的儿童贫困：现状与对策》，载《中国发展研究基金会》，社会科学文献出版社2015年版。

那时美国社会的缩影：经济和教育高速发展；收入不平等程度较低；邻里和学校内的阶层隔离维持在低水平；种族间通婚和社会交往的阶层壁垒也可以被轻易打破；公民参与度高，社会凝聚力强；出身社会下层的孩子们有着充足的机会去攀登社会经济的上行阶梯。

随着经济波动以及新阶层的崛起，游戏规则开始改变，社会观念也截然不同。种族隔离或许取消了，阶层隔离却无处不在，从邻里隔离到教育隔离都有所体现。今天有些人将一些不平等视为正常，不要说无人关注的大卫，即使像如此优秀的切尔西，其母亲也将她的优秀归功于家庭的支持，因此她母亲觉得帮助别人家的孩子不可思议，"将来要是我的孩子成功了，我可不认为他们应该把钱送给那些终日无所事事的家伙，他们可没有为我孩子的成功付出过什么啊"[1]。

美剧《无耻之徒》也表现了美国社会下层的状况，不称职的母亲加上一个酒鬼父亲，不仅使家中6个孩子血统不一，而且养育责任主要落在18岁的大女儿菲奥娜（Fiona）身上，菲奥娜想尽办法完成这个不可能完成的任务。大儿子利普（Lip）也是一个典型角色，他出身不好却天资过人，个性和长相使他颇得女生青睐，即使出生在一个破败的家庭和社区，他还是努

---

[1] ［美］罗伯特·帕特南：《我们的孩子：危机中的美国梦》，田雷、宋昕译，中国政法大学出版社2017年版。

力申请到了芝加哥大学全额奖学金，但是在进入名校后，仍然背负着一定要为家里人努力读书的期待，压力之下他在学校酗酒与打架，处于被退学的边缘。

在各类戏剧化的情节中，在颂扬穷人流着眼泪的欢乐之外，我们还是可以一窥底层青年的不易。菲奥娜和利普虽然有主角光环，可以在生活中一路打怪通关，也表现出极大的责任感，当他们制造了麻烦时也主要靠自己解决麻烦；但是反思一下，在他们人生路上的重要关头，无论婚姻大事还是退学危机，仍呈现越挣扎就越沉沦的现象。他们的经验其实并不足以应对这些重大选择，但是此刻并没有出现太多对他们施以援手的指导者，尤其是学校和教会之外的非正式指导者。这类非正式指导者是社会关系中的弱连接，虽然不是那么密切，但是往往能够在求职、就业等重大问题上给予最大帮助。对比之下，如果是中产阶层的孩子，即使发生人生变故，往往也会有不少正式或非正式的指导者出现，这些关系往往源自其家庭背景以及阶层环境编织的安全网，使其不至于彻底堕落。

出身好的阶层，除了有家庭编织的安全网，家庭教育潜移默化的影响也很重要。虽然人们往往把自我归属定义为肤色或族裔，但其实更关键的因素是阶层，阶层决定了我们的教育、我们的眼光，以及我们对待成功和失败的不同态度。

还有一部美剧《破产姐妹》，讲述的是两个女孩麦克斯（Max）和卡洛琳（Caroline）的故事。麦克斯生在穷人家庭，而卡洛琳生在富人家庭。卡洛琳因为父亲行骗而众叛亲离，千金散尽之后沦落到威廉斯堡的混乱社区，刚好到麦克斯工作的快餐店打工。两人一边做着看起来毫无前途的快餐店女服务员的工作，一边期待筹集资金开自己的蛋糕店。在人物设定上，麦克斯更为豪爽可爱，卡洛琳则显得刻薄可笑，看起来两人的工作和成长都差不多，但是如果换一个角度审视这两个人物，我们仍旧可以看到阶层在改变命运上起到的作用。具有做蛋糕技能的是麦克斯，但一直在推动这件事成为事业的是卡洛琳，是她发现了麦克斯的才能，是她鼓励麦克斯相信烤纸杯蛋糕具有商业价值，是她屡败屡战地筹集开店资金，甚至抓住一切机会接近目标，无论是看起来很可笑的各种进修，还是时刻不忘营销她们的蛋糕店。最终蛋糕店筹集到的25万美元也来自将卡洛琳过去的人生故事拍摄为电影的变现。抛开浮夸与搞笑的剧情，我们看到一个富家千金即使跌落底层，即使她过去的社会网络不再适用，她所受的教育与眼界仍旧能够为人生提供新可能。

肥皂剧本意不在于描写生活，却在无意间透露了生活的真相。在《我们的孩子：危机中的美国梦》中，类似的案例不少，更可贵的是，作者通过数据提出颇为尖锐的问题，那就是贫穷并没有像人们设想的那样使人们的关系更紧密。亲密关系往往被定义为社会中的"强关系"，是可以获得情感与经济支撑的关系，在同一个种族中，收入占前1/5的家庭的亲密好友比后1/5

的家庭多 20%~25%，即使身处同一阶层，白人拥有的亲密朋友比黑人多 15%~20%。

人不是孤立存在的，即使是号称个人主义的社会，也往往需要更好的社会环境，这既包括学校等公共机构，也包括完善的社会网络，这些也是社会资本的体现。虽然社会资本的定义众多，但是帕特南认为总体而言它包括了家庭、朋友、邻居、熟人等非正式关系，也包含公民组织、宗教机构、运动团体、志愿者协会的参与。预判个人与社区幸福的强指标，也意味着社会资本的不均等扩大了青年人中的机会鸿沟。

在民主社会中，即使阶层之间不完全隔绝，阶层之间的格局也会削弱社会共同体的价值。香港名流邓永锵爵士生前住在上流居住区，创办了中国传统服装品牌"上海滩"，出入各种社交场所，以品位不凡自居，多年为英国《金融时报》等媒体的社交礼仪专栏撰写文章。在接受《金融时报》的几次采访中，他不讳言自己是精英，社会也需要精英，展示精英生活是为了激励底层，使他们更加努力地爬到精英层。

邓永锵的话未必正确，却道出了部分事实。精英主义并不可怕，但是如果精英和下层都逃避责任，而让中层去承担责任，那就很可怕了，这也是软阶层时代的特点。

不堪重负的软阶层

欧洲已经出现比较典型的情况，即使是经济发展较好的德国也不例外。德国记者瓦尔特·伍伦韦伯（Walter Wüllenweber）就此写了一本书，即《反社会的人：上层阶级与下层阶级是如何搞垮德国，而谁又在从中获利》，该书成为 2012 年德国《明镜周刊》推荐的畅销图书。他认为，德国的上层阶级，也就是收入占前 1% 的德国人，悄无声息地占据了 36% 的社会总财富，低调地生活于媒体的视野之外；而绝对的底层，也就是靠社会救济生存的庞大失业人群，和社会主流日渐疏离。上下层阶层和主流社会脱节，社会结构正处于逐渐分化瓦解的过程中，这代表着德国的中产阶层在默默承受，也在默默买单。

德国的这一情况初看起来，有点类似于清华大学某学者的判断，"上层寡头化，下层民粹化"，但是其背后的原因和中国相比区别还是很大。成熟民主社会承平日久，因为利益格局固化，容易出现搭便车者，使政治参与感降低；而对比之下，处于转型期的社会，反而对政治格外关心，这是因为人们担心利益受损。

互联网改变了世界，曾经被认为可抹平一切差距，但是不少研究显示，线上交往无法完全替代真人交往从而恢复萎缩的社会关系。十几年前互联网兴起不久，《美国社会学评论》2006

02 挑战：全球十亿"新穷人"的四重困境

年的报告就显示，当时美国人平均只有两位亲近的朋友，1/4 的美国人认为自己没有可以与之谈论重要事情的人。[①]

人们对于互联网的使用显示出明显的阶层偏好。今天互联网的使用在美国和中国等国家即使已经不存在太多障碍，但还是暴露了不少差异。不少调查显示，中上阶层往往把互联网当作收集信息和提升个人能力的工具，而下层阶层往往倾向于把互联网当作休闲娱乐的工具，前者在分辨信息真伪以及搜寻信息方面的能力也高于后者，这在信息越来越多、人类阅读越来越浅层化的互联网时代越来越重要。

从互联网时代之前到今天，阶层始终存在，未来的 AI（人工智能）等技术创新并不会带来实质性改变，甚至阶层引发的数字鸿沟更值得关注。社会不同阶层之间的隔离会使社会资本减少，无论其表现形式是冷漠还是对立。美国曾经被认为是不同的，但随着社会阶层固化，也开始步欧洲后尘。

美国社会的民主机制运行在于其社会资本，正如当年从法国去美国的托克维尔（Tocqueville）所言，政党为了取胜而使用的两大武器是办报和结社，而以政治为目的的结社自由是无限的，这事实上也是公民参与的表现，"参与社会的管理并讨论管理的问题，是美国人的最大事情，而且可以说是他们所知道

[①] McPherson, Miller, et al. Social Isolation in America: Changes in Core Discussion Networks over Two Decades. *American Sociological Review*, vol. 71, no. 3, 2006, pp. 353–375.

的唯一乐趣。从这里，你可以看到美国人生活习惯的细节"[1]。

托克维尔眼中的美国人，无论男女都对社团生活感兴趣，他们发言就像在大会上一样。对比其他国家的人喜欢"把自己关闭在狭小的自私圈子里，四周筑起高墙和挖上深壕，与外界完全隔离开来"，美国人则完全相反，"如果叫他们只忙于私事，他们的生存就将有一半失去乐趣；他们将会在日常生活中感到无限空虚，觉得有难以忍受的痛苦"。[2] 社会基础如此广阔，以至于托克维尔深信，倘若专制制度将来竟有一天在美国建立，那么消除自由所形成的习惯将要比压制人们对自由本身的爱好更困难。

政治学大家塞缪尔·亨廷顿（Samuel Huntington）在探究美国制度的《美国政治：激荡于理想与现实之间》一书中，也追溯了美国政治中理想与现实的紧张关系。他指出，美国在很大程度上将政治认同尤其是道德意义上的认同归纳为美国人的特性之一，因此20世纪60年代的政治运动受到的肯定甚至超过20世纪30年代的经济改革，他借当时哈佛大学法学院的一位学长之口，指出那些抗议是"良知的冲突"，是年轻一代践行年长一代的原则，重申着被年长一代遗忘的誓言。

追溯之下，"美国梦"对于美国社会的阶层融合，或许是一

---

[1] ［法］托克维尔：《论美国的民主》，董果良译，商务印书馆1989年版。
[2] 同上书。

个起点,也属于即将被遗忘的誓言与原则。

"美国梦"并不是在美国建国之初就存在的,这个词进入美国流行文化是在1931年,当年詹姆斯·亚当斯(James Adams)创作了《美国史诗》(*The Epic of America*),激励了一代代失落的美国人的心灵。"美国梦"提出的时代,是一个人心凋敝的时代,不少人甚至因为找不到工作无法养活家人而自杀,媒体人沃尔特·李普曼(Walter Lippmann)曾说,整个民族精神不振,人人觉得自己孤零零的,谁也不信,啥事也不信,甚至对自己不信任了。对此,亚当斯宣称,让我们所有阶层的公民过上更好、更富裕和更幸福的生活的美国梦,这是我们迄今为止为世界的思想和福利做出的最伟大的贡献。"美国梦"诞生于困境穷厄之中,却拥有重振美国人民信心的强大力量。

"美国梦"曾经拥有的力量,不仅在于激励成功,更在于其承诺机会平等的感召力。在阶层固化的洪流面前,"中国梦"和"美国梦"其实存在同构之处。"每个中国人的梦",这甚至多少有点类似于詹姆斯·亚当斯所说的:"如果要让美国梦成真并长伴我们,那么这件事归根到底将取决于人民自己。"[①]

亨廷顿诉诸理论,帕特南诉诸实证,两者最终都走向道德,可谓殊途同归。道德说到底是人们对制度的情感反应,作为社群中的一员必须依赖于道德认同。美国人虽然对结果平等有不

---

① *The Epic of America*, 2nd ed., Greenwood Press, 1931, p. 410.

同看法，但是迄今为止，调查中的多数人还是认同机会平等，这意味着人们相信人通过努力应该而且可以改变自身处境。这也成为"美国梦"的核心，只是对于这一理念的落实，人们变得不如往昔那么有信心。

出路在什么地方？答案还是回到过去，在故事开始的地方结束。如果教育是问题，如果起点是美国 20 世纪 50 年代小镇的黄金时代，那么最好的出路是不是恢复不断衰败的社会资本，也就是呼吁公众参与，激发他们的道德力量，使其把别人的孩子当作自己的孩子，使他们愿意为别人的孩子的梦想买单？

在非洲有句谚语，"养育一个孩子需要举全村之力"。对当代人来说，更为现实的问题是，你愿意为别人的孩子的梦想买单吗？这需要诉诸道德力量，一个不道德的社会，没法成为一个更好的社会。

不平等与民粹："特朗普现象"的背后

"美国梦"面临冲击的时刻，民意自然生变。对不平等的怨恨不仅搅动了社会分层，还为顶层精英带来巨大冲击。

回顾一下，2016 年的美国大选似乎不同以往，宛如一场真人秀：美国房地产大亨唐纳德·特朗普起先看似陪跑玩票，之后却越来越有总统派头。特朗普的领先趋势一再刷新人们的预期，继续领跑共和党选情，正式成为共和党总统提名人，并成功当选美国总统。

特朗普的强劲表现，好像形成了一个新规律：精英越不喜欢特朗普，民众或者说他的粉丝似乎就越喜欢他。为什么呢？与其思考特朗普是什么样的人，不如思考是什么土壤滋生了"特朗普现象"，尤其是经济因素，在过去这一因素总是被遮蔽，特朗普的崛起，正击中了美国社会的痛点。

经济周期比政治周期长，而且其影响持续而隐蔽。在某种程度上，特朗普的崛起，与经济不平等程度加大有直接关系，尤其同与金字塔尖最富有的1%群体相比较的中下层民众的失落有关。从大时代审视当今世界，似乎回到了19世纪美国小说家马克·吐温（Mark Twain）笔下的"镀金时代"：那是一个繁荣与腐败并存的时代，野心家与投机家在新潮流下崛起，"强盗大亨"成为时代成功者，资本与权力苟合掠夺民众财富。从那之后，"镀金时代"就成为专门形容贫富分化社会的词语。

不幸的是，就在大家以为市场经济与自由竞争把不平等（或者说机会的不平等）送进历史的尘埃中的时候，这一现象却在历史的钟摆中再度回归，以金融危机的形式纠缠着美国社会，"强盗资本主义"之类的说法也重新出现——我们或许再一次回到了"镀金时代"，甚至东方与西方同时出现了这一状况。

时至今日，即使金融危机过去了十余年，发达国家的经济增长仍旧没有完全恢复到危机之前的水平，而社会的不平等鸿沟却在加大。美国社会的基础之一在于"美国梦"的存在，即个体通过自我奋斗改变命运，而真相却是，其贫富差距正在不断加大。

这看起来已令人不安，但是美国的实际状况更为不妙，根据加州大学伯克利分校经济学家伊曼纽尔·赛斯（Emmanuel Saez）等人的研究，2012年美国最富有的前1%的家庭财富占美国全部财富的42%。这一数据也高于欧洲，欧洲前1%的富有人群大概占有欧洲总财富的25%。

如今情况更为严重，世界扶贫慈善组织乐施会2019年的报告显示，全球最富裕的26名富豪的财富总和，相当于全球财富最少的半数人口（约38亿人）的财富总和，这38亿人口的财富总和在2018年减少了11%。报告甚至形象地指出，亚马逊创始人的财产的1%相当于埃塞俄比亚一年的医疗预算。①

不平等包含起点不平等与机会不平等，前者尚可接受，而后者则很容易让公众失去信念，对经济也有负面影响。财富不平等现象反映出社会创新的停滞与经济活力的消失，根据2006年诺贝尔经济学奖得主埃德蒙德·菲尔普斯（Edmund Phelps）的研究，20世纪70年代前后创新开始趋缓，而富有人群财富比重开始上升。

除了贫富差距的加大，社会流动性的降低也加剧了美国人

---

① 乐施会的报告显示，2018年，亿万富翁的财富每天增长25亿美元，而最穷的人拥有的财产仍在减少。

02 挑战：全球十亿"新穷人"的四重困境

的痛苦感受，阶层固化程度也在这些年不断加剧。在某种意义上，从 2008 年"占领华尔街"运动到皮凯蒂的《21 世纪资本论》引发全球媒体关注，再到特朗普成为美国政坛"黑马"，这三件事本质上是一件事，正是欧美世界对贫富不均感受加深的镜像。特朗普的出现，其实是这股不满思潮的涟漪。

2008 年金融危机之后，面对信贷危机，美国政府不得不化身印钞者，出手援助金融家，这是应急状况之下的不得已措施，其后经济也逐步恢复，但是即使如此，结果却未必令人满意。经济增长的大部分红利也被前 1% 的人分走了。从某种意义上来说，我们正处在最近 20 年来经济差距加大的同时政治极化不断恶化的双重周期之中，更令人绝望的是，目前激进派和保守派提供的解决思路都不足以解决困境。特朗普所在的共和党传统上政治保守而经济却偏市场化，即使如此，在共和党的支持者中也不乏感受到贫富不均和被边缘化的中下阶层，他们成为特朗普崛起的主要支持者。

经济周期与政治周期的叠加，使昔日作为中产阶层橄榄型社会的基石遭遇侵蚀，昔日触手可及的"美国梦"在经济下行之中变得岌岌可危。如此情况之下，看似怪诞不经的特朗普，却以他的个人财富、商业成功以及不按常理出牌的逻辑给出了不同的选择。民众渴望变化，如果社会基础变化得太快，那么不如来一次彻底的变化吧。就某种程度而言，特朗普的某些言论有些夸张出位，也被媒体反复报道，但是他的对手的主张也并没有比他的好很多。相比之下，其他几位候选人，尤其是共和党候选人，比如2016年参与美国总统竞选的马尔科·鲁比奥（Marco Rubio），在竞选中其实也没有表现出足够好的经济素养与政治远见。在政治极化以及党派僵局之下，美国政坛也面临自身的困境，"特朗普现象"不过是这一困境的最终爆发。

现实正如某些特朗普的理性支持者所言，特朗普的各种极端政策表态只是噱头和手段，毕竟，总统也有成长期，美国总统并不是神，曾经的里根总统在竞选期间也备受争议，尤其是在当下正处于一个分化的社会，世界政治变得有点失去重心的情况下，政治家也走下神坛。怀旧主义者或者精英主义者可能会追忆昔日想象中的美好时光，但这一趋势正在发生变化，即使并不那么美好。换言之，特朗普当选是一场现代民主政治实验的产物，民众做出了自己的选择，最终不得不面对自己的选择所带来的代价。

软阶层与性别：从女性贫困看新穷人

每个时代都有穷人，我们这个时代的穷人所处的境地又有怎样的景观呢？

软阶层在日本：女性贫困

繁华的东京，华灯初上。

如果你刚好在涩谷以及新宿等年轻人聚集的商区，很难不留意到一幅景象：来来往往的人潮中，间杂着不少拖着行李箱的女孩，行李箱发出咕噜咕噜的声音滑过光滑的地面。她们看起来和东京的寻常时尚女子并无二致，箱子也往往是粉色、蓝色等可爱的颜色，甚至点缀着各类卡通形象或者人物。

我去过东京多次，对上述情况见怪不怪，以为她们不过和我们这些观光客一样刚来东京，或者拖着行李箱购物而已。不要说我，即使是 NHK 电视台的编导，也有相似的判断，直到他们深入拍摄《女性贫困》纪录片时，才发现其另一面的真相。这些女孩中有很多人无家可归，也无地方可住，甚至付不起住宿网吧一两千日元（几十块钱）的费用。等到过了晚上九点半，百货商店和街头店铺已经到了关门时间，这些女孩还在。她们四处寻找晚上还开门的店铺，这类店铺往往会在醒目的地方写明内有插座，因为她们着急给手机充电，手机成为她们与整个世界最重要的连接。

入夜，行李箱滑过路面咕噜咕噜的声音，在逐渐安静的环境里分外清脆，也映射出这些女孩的居无定所与寂寞无依。编导采访了一位叫吉吉的 16 岁女孩。吉吉的父母在她很小的时候就离婚了，母亲和在鱼市工作的继父再婚后，她和继父住在了一起。继父手受伤后失去工作,性情暴躁,这导致吉吉中学毕业就离开家独立生活。她离家时尚未成年,更没有谋生之道。采访她时,她正一边给手机充电,一边等手机那头男人的电话。她无法拥有独立住所,每天只能带着浓浓的疲倦,辗转流浪在咖啡馆之类的地方。谈起童年,她深恶痛绝;谈起未来,她说自己没有梦想,"能活到30岁就知足了……到了30岁就够了吧"。

在如此富裕又如此讲求平等的日本社会中,还有这样令人心酸的贫困故事?在《女性贫困》以及《老后破产:名为"长寿"的噩梦》等纪录片中,类似的细节还有很多,主要原因就在于经济萎靡导致收入降低。

非正式雇佣、少女妈妈、单亲家庭都是导致女性贫困的关键因素。相当一部分女性是合同工而不是被长期雇佣的职工。以年收入200万日元(约10万元人民币)的标准来衡量,日本80%的年轻女性合同工的收入在这一标准线之下。这样一来,即使是受过高等教育的女性的生活也不会有本质不同,例如24岁的小爱就表示,本科毕业并不能改变命运,她说:"其实助学金也是负债。如果说我欠债600多万日元,男人听了会怎么想呢?"

如果女性单身或者有孩子,状况也许会更差,这就引出了第二个问题——除了日本女性劳动者以合同工为主之外,日本社会以男性为主的劳动薪酬结构也没有随着女性雇佣人口的增加而改变。日本单亲家庭的相对贫困比例超过50%,没有收入

02 挑战：全球十亿"新穷人"的四重困境

的女性一旦发生婚姻变化而又没有男方补贴，就很容易陷入单身妈妈的窘迫境地。

这些贫困女性，无论是受过良好教育、背负大学学费负担的女性，还是早孕的单身妈妈，抑或是中途辍学的少女，她们的共性是被焦虑驱赶，为每日衣食住行的来源奔走，无法也没有精力做长期规划，导致其生存处境越来越恶化。

她们的困境，导致其自身生存状况不断螺旋式下降，即使每日努力劳作也无济于事。这也符合行为经济学的研究结果，长期贫困会让人"变笨"，也就是只关注当下，判断力下降。这个时候，需要一个最初的推动力，给予她们一点支持，无论是培训、就学还是长期规划，这对于改善她们的人生会有极大的影响。但这些支持应该由谁来提供呢？第一个想到的当然是政府，但是在日本政府债台高筑的情况下，政府能做的更多的是引导女性就业平等，而无法提供补贴，更多工作可能需要社会团体来关注和跟进。

我一直对日本经济感兴趣，也深深感到日本经济对中国有着极大的参照意义，这不仅是因为日本有着在泡沫经济时期的应对经验，更是因为日本在遭遇泡沫经济之后的处理方式。2018 年出版的我的访学观察《不迷路，不东京》[1]即分享了不少我对日本社会的观察和感悟。

---

[1] 徐瑾：《不迷路，不东京》，东方出版社 2018 年版。

女性贫困背后的软阶层困境

"1985年发生了什么？"

这是日剧《东京女子图鉴》中的某法国品牌干练女上司的台词，她在招聘时都会问女性这个问题，回答不出来的人她都不会雇用。正是在该剧播出的同一年，日本制定了《男女雇佣机会均等法》，至少在法律上给予女性与男性同样的职业保障。"在那之前女性从事的都是倒茶、影印等打杂工作，只有男人有一直晋升的机会。受男人们的颐指气使，比如你怎么还不结婚呢？受到这种性骚扰，过了30岁就暗地里被说是女强人，有了多少悲痛的回忆。"正如她所言，"我们这一代受了多少苦才换来男女平等的"[①]。

电视归电视，生活归生活，日本的男女平等并不是在20世纪80年代就真正实现了。近些年女性地位引发不少讨论，比如日本在2016年的世界经济论坛各国性别平等排行榜上是第111位，当年中国是第99位，而比起2015年的排名，日本2016年的排名还下滑了10位。日本女性的地位如何，见仁见智，但不可否认日本女性在职场面临的天花板确实存在。

日本女性贫困的案例，折射出日本社会的不同面。日本女性的致贫因素有很多，从经济方面看，大致可以总结为三点：

---

① 徐瑾：《不迷路，不东京》，东方出版社2018年版。

02 挑战：全球十亿"新穷人"的四重困境

第一是在以男性为主的就业体系中，男性收入中隐含了女性作为家庭妇女的一份，这对女性就业构成障碍；第二则是终身雇佣与派遣员工之间的不平等关系，在日本，终身雇佣员工类似正式工，而派遣员工则类似合同工或者非正式工，在福利、待遇与升职方面存在不少差异，而女性中有不少是派遣员工；第三则与经济萎靡有关，毕竟日本经济有过"失去的20年"，从20世纪80年代末开始，经历了近30年的经济萧条，男性收入还在减少，而过去尚处在温饱线上的女性群体，更容易从中产阶层沦为软阶层甚至贫困群体。

女性贫困的很大原因在于经济，解决路径也应该从经济着手，也就是为女性提供公平的职场环境。这一措施虽然没多少人会公开反对，但是落实起来并不容易。

诚然，日本在1986年就实施了男女用工平等政策，但整体社会机制改善相对滞后，让女性的职场发展之路并不平坦，即使与男性一同进入公司，也往往站在不同起跑线上。比如，日本公司招聘岗位一开始会分为两种，即"综合职"（そうごうしょく）与"一般职"（いっぱんしょく），因为"综合职"往往需要服从公司安排被派遣到外地，晋升的机会也基本诞生于其中；"一般职"一般无须派遣，但是往往从事辅助工作，晋升机会很少。在选择岗位的时候，绝大多数女性会出于主动或被动选择"一般职"，选择"综合职"的女性往往很少，这样即使在用工平等的条件下，女性和男性也并不站在同一起跑线上。

中国人对日本女性的印象也许还停留在日本女性向往成为家庭妇女上，但改变已经发生，尤其是在人口锐减与少子化的当下，女性角色在日本重新得到重视。2012年，再次当选日本首相的安倍晋三在他的执政计划中加入了不少女性特色，甚至2013年在美国《华尔街日报》上发文表示要释放女性经济学的力量，他尤其谈到缩小日本男女收入的差距。日本女性平均收入比男性少30.2%，与之对比，美国是20.1%，菲律宾仅为0.2%。

早在20世纪90年代，日本就有对"女性经济学"的呼吁。高盛首席日本策略师松井凯蒂在1999年就提出了这一概念，宣称进一步释放日本女性的潜能，可以使日本GDP最高增长15%。女性经济学也成为安倍晋三前些年提出的"安倍经济学"的要点之一，日本性别平等政策力度随之加大。安倍晋三曾一度计划到2020年使女性职位占所有管理职位的30%（虽然随后这一目标有所降低和推迟），比如提出"三年产假"，将女性就业率提升到73%——当下日本女性的就业率有所提高，几年前就达到68%，但是多数就业是收入不高的兼职。

经济萎靡下，女性贫困不过是社会整体向下流动的冰山一角，日本社会从中产社会转向了所谓的软阶层社会。女性尤其是单身女性的地位更为弱势。

女性贫困固然是日本社会中越来越多被谈及的话题，而更值得注意的是，日本儿童贫困也同样引发了关注。根据联合国

02 挑战：全球十亿"新穷人"的四重困境

开发计划署发表的《2014年人类发展报告书》的数据，日本贫困儿童的数量在发达国家中比例最高。

其实这背后也隐藏了更深层的问题，如同"剩女"的本质是"剩男"，女性贫困或者儿童贫困，在当下环境中，其本质就是男性贫困或者整体贫困。试想一下，如果女性从非正式工作中得到的工资少，那么依靠非正式工作的男性也将面临如何自处、如何成家、如何养家的问题。这意味着，日本社会日益贫困，或者说社会下层普遍软阶层化。

在《不迷路，不东京》一书中，我已经分析了日本社会也出现软阶层化趋势背后的经济动力。在日本经济上升期，达到成家立业基准线的男性很多，女性自己也可以工作得有声有色。繁荣意味着机遇丰富，其给予了所有人更多可能性。随着经济下行，一方面，女性的工作机会减少；另一方面，符合女性择偶标准的男性数量也在减少，即使女性理想中的男性年收入从泡沫经济时代的上千万日元（几百万元人民币）降低到四五百万日元（20多万元人民币）的水平，符合要求的人数也还是在减少。无论将男性作为婚姻对象还是情人，尽早结婚成为女性的需求，但是男性的供给也在减少，结婚嫁人的焦虑无疑在增加。

日本社会在经济腾飞的时候，有"一亿总中流"的说法，也就是超过90%的人都认为自己是中产阶层。日本贫困线每年都在变动，大概在108万日元（约5万元人民币）与130万日元（约6万元人民币）之间。更好的标准是相对贫困，如果采用国际相对贫困的标准，中产家庭标准一般是年收入400万日元（约19万元人民币）到500万日元（约23.4万元人民币），那么日本大概每6户人家中就有1户人家属于相对贫困。[1]

日本经济的变化，导致社会思潮变化，也对应着时代人物的变化。我曾经与畅销书《下流社会》的作者三浦展聊天，他的书二十年前在日本和中国都备受追捧。当时他观察到中产阶层社会受到冲击，年轻一代面对压力不愿意做事业和家庭的"中流砥柱"，却心甘情愿地将自己归入"下流社会"的行列，他写书多少还有为此呼吁改变的意思。他较新的代表作则是《第4消费时代》[2]，在交流中，他更多地强调了日本人不再追求品牌，而是享受分享。

追求分享的时代，其实也是软阶层社会之后的必然阶段，无论是三浦展，还是他的读者都接受这种生活，不像往日那样对下流社会感到惊愕与不安。这也是日本社会的变化，人们不再力争上游，对现状更加安之若素。关于男性与女性的工资收入，他提及的一个话题很耐人寻味。对于同样的工作，如果最开始是男性做的，比如搬家，起薪就比较高，哪怕后来是女性做；反之亦然，如果一个工作最开始是女性做的，比如看护和清洁，哪怕很辛苦，哪怕后来有男性介入，薪水也都不高。

---

[1] 徐瑾：《不迷路，不东京》，东方出版社2018年版。
[2] ［日］三浦展：《第4消费时代》，马奈译，东方出版社2014年版。

日本社会的强大惯性，压抑着现代人，体现了古老习惯法的遗留。即使多数人可以步入正轨，享受中产生活，但滑出这个阶层的人也很难回归主流，这往往和个体努力程度、能力的关系不是很大。

凭借个体改变命运的案例，在社会已经规范有序的日本少有出现。而在当下软阶层化的中国，女性面临的职场不平等也同样存在。

中国女性的隐性付出与职场不平等

在男女平权成为政治正确的当代，女性遭遇的不平等往往是隐性的，无论是家庭生活、生育中的不平等，还是职场骚扰，这使女性更容易沦为职场软阶层，即使她们身处职场的高层。

西方人曾经说贫困有张女性的面孔，我国全国妇联妇女研究所2015年在北京高校的调查显示，高达86.6%的女大学生受到过一种或多种招聘性别歧视。[1] 中国女性致贫的原因不少，常见的有以下五点：继承权的丧失、疾病、受教育水平低于男性、劳动技能差、无报酬劳动比例较大。[2]

---

[1] 《全国妇联：超八成女生遭就业歧视，有企业关心女生血型星座》，载澎湃网，见 https://www.thepaper.cn/newsDetail_forward_1564745。

[2] 闫坤、于树一、刘新波：《论引入性别因素的精准扶贫——以绵阳市特困县为例》，载《华中师范大学学报（人文社会科学版）》2016年第6期。

其中，尤其值得注意的是最后一点，即无报酬劳动比例较大，这暗示了女性在家庭生活中付出更多，进而可能导致女性在职场遭遇歧视与不平等，最终使女性软阶层状况恶化。根据《2018中国女性职场现状调查报告》，女性在步入婚姻后，较男性而言工作时间并未改变，但是对家庭投入的时间却在不断增加。从收入上看，女性整体收入低于男性22%，报告方认为更低的薪酬凸显了性别职业选择的分化，更显示了女性进阶管理层的不足。①

根据国家统计局数据，按照性别看，女性无报酬劳动时间远长于男性，不过两者的差距有所缩小：女性平均每天的无报酬劳动时间由2008年的3小时38分钟增加到2018年的3小时48分钟，增加了10分钟；男性由1小时18分钟增加到1小时32分钟，增加了14分钟；女性与男性无报酬劳动时间的差距比2008年缩小了4分钟。②

数据背后，其实导向了人的行为选择。最典型的案例是在二孩生育政策放开的背景下，中国的生育率并没有显著提高，女性职场压力是一个重要因素。英国《金融时报》中文网旗下的《投资参考》做过一份针对2000名中国女性的调查，调查显示，有

---

① 参见智联招聘发布的《2018中国女性职场现状调查报告》。
② 金红：《过去十年居民时间分配发生较大变化 反映人民生活质量稳步提高》，载国家统计局官网，2019年1月25日，见 http://www.stats.gov.cn/tjsj/sjjd/201901/t20190125_1646799.html。

31.6%的女性认为她们的职业机会少于男性，这个数字远大于东南亚主要发展中国家的比例，其中有45.9%的管理层女性表示，她们的性别对职业发展有负面影响。

中国女性被认为是"能顶半边天"，1949年之后女性地位和过去相比有不小的改变，但是这些年，女权群体兴起之余，女性地位是否退步重新引发了焦虑，"剩女"以及"工作好不如嫁得好"等观念，也重新回流。

软阶层社会的女性更是弱势群体。中国女性在其权益保护尚待提升之际，在社会中却被期待承担无法单独承担的责任，除了解决家庭与职场的矛盾，还要承担其他责任。

此外，软阶层时代的婚姻，很多时候无关爱情，更多与野心有关。从一些有关婚姻择偶的咨询信息来看，通过婚姻实现阶层攀爬已经成为不少人的明确目标，婚姻与阶层的暗中连带关系，已经精确而且前所未有地覆盖到地域、家庭、学校、职业、年龄、收入、发展、外貌、魅力等方面——不要误会，这是一些年轻一代的自我诉求而非来自长辈的压力，男女皆然，他们精细计算得失的能力，已经远远超出其在人民广场相亲角的父辈的简单实用主义。这已经不是一般意义上的男女物化，而是已经变为360度考核。不恰当地说，在强大的现实面前，对某些软阶层而言，婚姻就像买房，首先考虑上涨预期，其次是性价比的登对。

更应该反思的是，一个软阶层社会应该如何评价社会中的女性地位？其实可以借鉴马克思的一句话，"妇女解放的程度是衡量普遍解放的天然尺度"。在一个理性社会中，软阶层群体被如何对待——无论是女性还是其他代表性的软阶层群体，其实正体现了一个社会的文明程度。

女性榜样不足以拯救软阶层

女性的职业平等是一个全球性话题，欧美社会在人们印象中往往非常强调多元化，比如有人就曾开玩笑，2008年倒闭的投行"雷曼兄弟"如果叫"雷曼姐妹"，也许它就不会倒闭，但即使如此，很多时候，大众还是会看轻甚至无视女性的角色。

商学院的案例就非常典型。有人发现，即使在男女学员比例均等的商学院，商学院案例中女性的出现比例确实较低，而且即使出现，形象也并不那么正面，比如在全球最大的管理学案例中心保存的74个获奖案例中，只有6个案例的主人公是女性。[①]

2008年金融危机之后，不少女性走上政商巅峰，比如德国前总理安格拉·默克尔（Angela Markel），国际货币基金组

---

① 案例中心原名欧洲案例交流中心(European Case Clearing House, ECCH), 相关研究可参见由 Lesley Symons 撰写的报告 "Writing Women into Business School Case Studies"，在 "INSEAD" 的 "Executive Master in Coaching and Consulting fbr Change" 项目发布。见 https://www.insead.edu/sitcs/dcfault/filcs/asscts/dcpt/mp/cmccc/docg/EMCC_annals_12052017.pdf。

02 挑战：全球十亿"新穷人"的四重困境

织前总裁克里斯蒂娜·拉加德（Christine Lagarde），与美国总统位置擦肩而过的希拉里·克林顿（Hillary Clinton），以及写出《向前一步：女性，工作及领导意志》的 Meta 公司前首席运营官谢丽尔·桑德伯格（Sheryl Sandberg）。自然而然，媒体或者大众谈到女性平等时，往往会树立一些女性模范，本意在于激励多数女性，英国《金融时报》董事会于 2017 年甚至决定停办只有男性参加的专家小组讨论。不过，处于金字塔尖的女性人物只是极少数，因此媒体的焦点往往存在重复，甚至自动赋予她们完美平衡家庭和事业的女超人光环。

我常常也在思考，当聚光灯投射到少部分女性身上，使她们中的极少数获得超常的曝光率，这些女性的个体经验是否真的具有普遍价值？尤其对普通女性而言，她们是否真的可以带来本质性改变？美国平等就业机会委员会对超过 2 万家私营部门公司的数据进行了研究，结果发现女性担任高层管理岗位的比例提高时，会起到正面效果，即担任中层管理岗位的女性比例也会提高，但随着时间的推移，这一正面影响会逐渐减小。[①]

这也说明，女性榜样在短期内有作用，但从长期来看激励作用会有所衰减。更为公允的做法是，应该鼓励女性，尤其是成功女性公开她们面对的各种不平等，从制度意义上进行改变，

---

① Gordon, Sarah. Successful women do not always make the best role models, *Financial Times*（September 2016）.

而不是仅仅将其作为个人励志的案例。

女性遭遇不平等的原因，有自我的选择，也有社会的压力，但是消除非自愿的歧视，其实是女性权益乃至社会发展的首要步骤。值得注意的是，保护女性政策和不少保护弱势群体的政策一样，一些促进平等的措施看起来也许立意是好的，但也可能带来负面的歧视后果。比如延长女性产假，也许可以为在职女性带来福利，但是对企业而言，招聘女性应聘者时很可能就会考虑这一成本，从而使女性员工面临潜在歧视。即使在日本，三年产假之类的福利也未必完全利好女性，也许对长期雇佣制员工而言，三年产假看起来是利好，但是对于那些派遣员工、非正式员工，她们即使能享受这一福利，或许也心怀忐忑。

最终，解决女性贫困，需要解决的是权利贫困，这不仅关乎女性，也关乎男性。

能否优雅地老去

如果中国社会像日本那样，对软阶层来说意味着什么？我这些年关注日本经济，也期待从中吸取经验和教训。

很多读者问我，中国日后会不会步日本的后尘？能以日本作为参照也许并不是一件坏事。毕竟，日本人曾经富过，其人均收入一度超过美国，如今中国人的情况是未富先老，人均收入只是美国的 1/5。值得注意的是，有不少底层的日本女性在出

02 挑战：全球十亿"新穷人"的四重困境

镜时即使表达了贫困与焦虑，却还是保留了年轻的状态以及妆容，这既是社会习惯的要求，也是因为还有基本尊严。

我常常想起，在东京拜访著名管理学家大前研一时，这个曾经主张日本人国际化的管理大师有些意兴阑珊。他说："这个国家就这样了。"我说："您过去好像不这样认命，主张大家奋斗。"他反问我："有几个国家能够在经历那么多年的经济萧条后，路上还没有乞丐？"他停顿了一下，自己回答："只有日本，可以这样优雅地老去。"可见，即使是软阶层时代，参照日本的结果对中国来说并不算坏。

在日本女性贫困的案例中，有不少人从中产阶层一不留神就滑入贫困阶层，这暗示了海外中产阶层也面临软阶层化的命运。作为讲求平等的发达国家之一，日本往往被认为是一个稳定的中产阶级社会，但是在经济停滞的影响下，软阶层化的趋势也开始出现，这凸显了软阶层现象的全球化。

即使如此，我们仍旧可以从中看到一些不同，当个人从中产阶层滑入贫困阶层的时候，除了政府福利系统，社会自发救助网络以及非政府组织也发挥了各种拯救作用。海外中产的形成建立在半个世纪的发展之上，所以他们即使面临软阶层化，仍旧有过去的家底来挥霍，有资格作为秩序的消费者，他们也通过自身权利来改变社会游戏规则，仍旧生产着新的社会秩序。

对比之下，中国中产成形时间本来就短，可供消费的自我积累不足，社会秩序基础比较薄弱，这种情况下的软阶层救赎，其实难度更高，更多地体现为个体改变，而不是阶层变化。所以中国软阶层比海外更软，海外软阶层只是相对变软。

中国软阶层面临的挑战，有时远大于海外同侪，即使他们看起来也许比海外同侪机遇更多，甚至更富有，但他们也更可能成为都市的"新穷人"。

在英国社会学家齐格蒙特·鲍曼（Zygmunt Bauman）看来，在全球化大背景下，"新穷人"阶层正在广泛兴起。如果过去穷人意味着失业，那么今天穷人意味着缺乏消费能力，或者就是"有缺陷的消费者"。[①] 这一身份的转化意味着，如果说过去的穷人在穷困之外，依靠社会舆论、工作伦理等理念尚可获得认可，那么今天的穷人可能遭遇同样的境遇，却缺乏同等的同情与关注。

"新穷人"窘迫困境的背后，正体现了现代社会或者后工业时代的吊诡之处：随着技术的进步，生产进一步过剩，进一步凸显了消费的稀缺，而工作伦理的丧失以及消费美学的建立，更进一步强化了"新穷人"的无力感。

作为思考现代性与后现代性最著名的思想家之一，鲍曼对现代种种思潮结构嬗变颇为敏感执着，他不仅梳理了社会现代化以来，穷人被界定、忽视、隐藏甚至过度遮蔽的历史，更试

[①] ［英］齐格蒙特·鲍曼：《工作、消费、新穷人》，李兰等译，吉林出版集团有限责任公司2010年版。

02 挑战：全球十亿"新穷人"的四重困境

图进一步探索和解答对待穷人的方式。这不仅关乎"新穷人"，也关乎人类社会的未来，因为我们是介于穷人与富人之间的大多数，看待穷人的方式不仅决定了穷人如何成为穷人以及穷人意味着什么，更投射了深陷消费社会的我们的种种怪诞现实与集体焦虑。

鲍曼思考的"新穷人"的困境，或许更多地在于精神层面，是制度完善、物质昌盛之下的一角阴影。

对比下来，现实或许更为粗暴直接，软阶层的未来，其实就是打碎新的中产梦想，迎来"新穷人"的时代。表面上各类电商促销使每个人都物质丰裕，但即便疯狂购物带来了片刻满足感，软阶层也始终存在无法达到更高阶层的缺憾。

从数据来看，1978年至2009年这30多年间，中国农村贫困人口数量从1978年的2.5亿下降到2009年的3597万。也许农村贫困人口的数量在下降，但城市兴起的"新穷人"阶层仍旧没有得到应有的重视。更值得注意的是，即使中国在2023年将新标准贫困线调高为1196元，仍旧有低估的嫌疑，对比联合国的标准，日消费低于1美元就属于"绝对贫困"。[①]

多重转型社会的穷人权益如何界定，其症结或许在于中国特色的平台导致了政策取向的不同。正如一位学者所言，西方

---

① 载亚洲开发银行研究院官网，见https://ww.asiapathways-adbi.org/2014/06/the-relevance-of-l-25-recounting-the-poor/。

的左派、右派处在民主的平台之上,都会从老百姓的角度说话。左派说高福利时理直气壮,说到高税收就吞吞吐吐的;右派说低税收时理直气壮,说到降福利就吞吞吐吐的。[①]

未来如何改变?鲍曼说,改变穷人,或许可以从改变不是穷人的"我们"开始。鲍曼或许认为未来尚存希望,他引用帕特里克·柯里(Patrick Currie)的一句话来引发未尽的思考:"群体的自愿简朴正成为替代群体经济贫困唯一有意义的选择。"

这一结论或许也适用于中国软阶层,即使不去看基尼系数,我们也不得不正视他们遭遇的双重困境:一方面是消费社会的抛弃和漠视,这是新现象;另一方面是他们仍旧处于权利链的中下层,还是老阶层。"买,买,买",并不能拯救软阶层。

---

① 载观察者网,见 https://www.guancha.cn/society/2010_ll_08_50834.shtml。

03 差距
"富人与你我不同"

在软阶层时代,"富人与你我不同"。在全球不平等的背景下,向上迁移的机会越来越多地取决于个人占有的资源,而不仅仅是个人的努力。

经济学部分揭示了贫穷的真相,但是整体阶层的下滑趋势是否可以让个体感受到的伤害少一点?

富人与你我不同。

——美国作家　弗朗西斯·斯科特·基·菲茨杰拉德
（Francis Scott Key Fitzgerald）

只有富人才了解贫富之间的不同，只有智者才能明白贤愚之间的区别。

——电影《孤独的幸存者》

就算金钱买不到幸福，但拥有它也能让你选择吃什么样的苦。

——美国喜剧演员　格鲁乔·马克斯
（Groucho Marx）

软阶层遭遇盖茨比曲线

伴随着电影《了不起的盖茨比》的翻拍热映，经济学中的"了不起的盖茨比曲线"（见图 3.1，以下简称盖茨比曲线）也重新引起人们的重视。

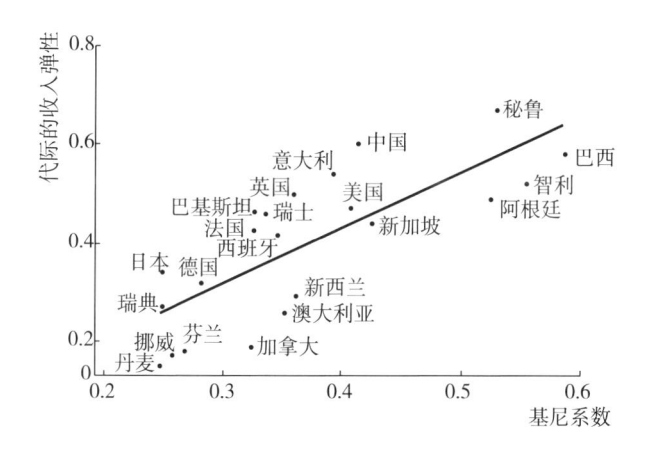

图 3.1 盖茨比曲线

美国作家菲茨杰拉德曾说："富人与你我不同。"那么到底有什么不同？穷人逆袭能否成真？盖茨比曲线由加拿大经济学家迈尔斯·克拉克（Miles Corak）提出，其研究揭示出，收入的不平等往往会延续到下一代，而社会收入分配越不平等，经济不平等"遗传"的可能性就越大——你的父母是穷人，你也有很大概率是穷人。图 3.1 中，横坐标为各国的基尼系数，代表这些国家收入不均等的程度，纵坐标为各国代际的收入弹性，即父母收入对子女收入的影响大小。可以看出，两个因素之间呈现正相关关系，意味着不平等现象越严重，代际跃升的难度越大。

盖茨比曲线的流行，揭示了大众对于收入分配不平等的焦虑和不满。资本主义真的可能成为仅少部分富人可谋利的裙带资本主义吗？我认为不太可能。

一方面，新的技术潮流有点类似工业革命，势头一往无前而过程不无残酷，大时代的进步总伴随一部分人的悲哀与失落，从过去的纺织工人，到今天的传统行业从业者（包括媒体），甚至整个中产阶层，均是如此；但是最终来看，技术进步造福了大多数人，这不是一个零和博弈。

另一方面，富人的权利是否在变大？根据英格兰银行的统计数据，2013 年量化宽松 40% 的效益流向了 5% 的人群，这或许符合加拿大政治家克里斯蒂娅·弗里兰（Chrystia Freeland）控诉的现状，但对最富裕的一部分人来说，他们的经济实力也许在相对上升，这并不意味着他们的政治能力以及影响力也在同步提升。

历史上最富裕的人，其财产往往包括数不胜数的奴隶，所以他们往往可以影响他人的生活，他们的经济权利也往往同政治特权紧密相连。而今天，即使是最富裕的人，其在法治框架之下能够享受的特权也面临着相对削减，其相对经济实力也未

03 差距："富人与你我不同"

必如想象中那么强了。

比如比尔·盖茨（Bill Gates），其个人资产在 2005 年不到 500 亿美元，当年美国 GDP 超过了 13 万亿美元，盖茨个人资产占美国 GDP 的比重也没有超过"镀金时代"的约翰·洛克菲勒（John Rokefeller）。按照当时的购买力计算，洛克菲勒的资产大概超过了 3000 亿美元，占当时 GDP 的比重大约为 1.54%，2005 年的比尔·盖茨远没有达到这一比例。

对比尔·盖茨及更年轻的科技新贵来说，他们年纪轻轻就积累了大笔财富，是由于个人努力、时代背景和运气机缘的结合，财富对他们的意义也许就是数字而已。要点在于，他们由此获得的超出旁人的权势应受到约束，以保证其不会被滥用于侵占别人的机会。

更进一步，结果的不平等并不能被简单地归为不公。最富有的 1% 人群收入的增加，到底是源自权力寻租还是财富创造？惩罚 1% 的人群，其收益是否又能完全进入最底层的腰包？惩罚可能导致资本流动，由此带给穷人的好处是否足够弥补由此带来的经济损失？

过去财富的累积依赖特权甚至暴力，如今财富的形成则更多依赖市场；以前的富人极力保护财富，如今的富人则推崇慈善，甚至像沃伦·巴菲特（Warren Buffett）这样的顶级富人，也多次主张对富人群体多征税。对财富的分配，类似小熊分饼，区别在于是在固定大小的一块饼内分配，还是在各自做大饼的基础上分配。显然是后者更可取。如果依赖后者的做法，那么

153

就必须发挥每个人的企业家精神。因此，不少经济学家认为富人纳税额较高，因为他们通过把饼做大而为社会做出贡献。比如，美国经济学教授 N. 格雷戈里·曼昆（N. Gregory Mankiw）就据此为前 1% 的人辩护："高收入阶层，尤其是顶层的 1% 的人群的收入增速远高于平均水平。这些高收入者做出了杰出的经济贡献，当然也收获了很大份额的果实。"

曼昆引用的研究表明，收入差距变大的原因在于技术进步，"侧重技能的技术变革趋势导致对高技能劳动力的需求不断增加，这种力量造成高技能和低技能员工的收入差距扩大，从而使不平等程度恶化"[1]。对美国而言，如果认可技术进步和全球化是收入不均的原因，那么很可能扶持政策比收入调整更有效率。

也正因此，一项更符合经济规律的公共政策不仅要关注收入不平等，更应该首先区分这种不平等的根源，其次决定什么是合理的再分配政策。

自由和公正是永恒的话题。中国人该如何拥抱公正？对不公正的敏感是人类最为原始的情感之一，其所能启动的能量积聚起来不可小觑。正如经济学家阿马蒂亚·森常常引用的狄更斯名言："在儿童艰难度日的小小世界中，再没有比不公正更容易让人感受至深的了。"

---

[1] Mankiw N., Gregory. Defending the one percent, *The Journal of Economic Perspectives*, 2013, 27(3), pp.21–34。

如何缓解这种收入分配不均引发的不公感？这显然不仅仅是经济学的问题。工业革命之后，虽然人类生活水平得到了极大的提升，却经历了两次世界大战，其间博弈与抗争的成果来之不易，不仅需要理念的试错与改善，亦需要不同阶层的协同行动。

比尔·盖茨和巴菲特等富人热心捐助基金会，对财富不平等起到一定调节作用，同时，美国各式各样的民间基金会的繁荣是其公民社会的核心力量之一。有句老话说，财富创造的过程往往就是世界形成的过程，反过来看，人们对财富分配的态度变化也可能代表了社会进步的过程。

新贵崛起，软阶层或没落

自由和公正犹如天平的两端，总是上下游移。

当新自由主义在最近40年大出风头之后，金融危机以及随后诸多变化让大时代潮流开始转向，哈佛大学公开课《公正》的席卷全球、"占领华尔街"运动的风起云涌，甚至看似与"占领华尔街"运动位于两个极端的"茶党"，本质都类似——民众想表达对既有政治和经济格局的不满，尤其是对处在财富金字塔顶端的1%人群的不满。

虽然上述这些运动在国外已消沉，甚至被批判是不理性的，但抗争态势仍在延续。不仅普通民众不高兴，一些精英言论也开始转向，呼应潮流变化。克里斯蒂娅·弗里兰所著《巨富：全球超级新贵的崛起及其他人的没落》一书就是关于这一主题的。[①] 马丁·沃尔夫为这本书做了推荐，认为这或许是"我们这个时代对经济和政治发展最为重要的书"。

弗里兰的观察要点在于，世界正步入一个新阶段，她将其命名为"双生镀金时代"：对美国等国家来说是第二次镀金时代，距离马克·吐温的创造年代已经过去了100多年，对中国等国家来说则是第一次镀金时代。

"土豪"自然也是美国镀金时代的特产之一，那是有暴发户用百元美钞抽香烟的时代，代表了财富与机遇的突飞猛进，也意味着不平等程度的加剧。新的镀金时代有什么不同？今天的财富积累不仅带有技术特点，还具备全球化特征。即使作为全球化的拥护者，我们也不可避免地面临一个事实：全球化不是零和博弈，但总有赢家与输家。因此，中国等后发国家在最近50年内的高速赶超行为，事实上使竞争、成本、资本也在全球化。一方面是这些后发国家造就了数以亿计的新中产阶层；另一方面则是在竞争中落败的国家的失业困境加剧。

过去全球化是激进派的梦想，今天的全球化则近乎是保守派的天堂，放松管制的呼声使资本所向披靡。对比中产阶层以及穷人，富人并没有因为全球化而受损——尤其对前1%的富

[①] ［美］克里斯蒂娅·弗里兰：《巨富：全球超级新贵的崛起及其他人的没落》，周晋译，中信出版社2013年版。

03 差距："富人与你我不同"

人来说，国家的边界消失了，他们变成了一个无国界的新阶层。换言之，这些富人已成为新的全球化景观，甚至金融危机后的收入分配也更多倾向于他们。弗里兰给出了观察数据：20 世纪 70 年代，前 1% 高收入者的收入占美国总收入的 10%，如今这一数据则接近总收入的 1/3，直追美国镀金时代的历史高峰。

美国前劳工部长罗伯特·赖希（Robert Reich）用一个直观案例说明了美国收入不均的情况。美国最富有的两个人到底有多富有？2005 年，比尔·盖茨和巴菲特的身家合起来超过 900 亿美元，几乎赶上美国财富金字塔底部的 40% 人群的财富总额。投资银行瑞士信贷《2017 年全球财富报告》也印证了这一判断，全球最富有的 1% 群体拥有的财富在 2017 年首次超过全球总财富的一半。这看起来确实很夸张，难怪保守派总在哀叹"美国梦"的破碎。

令观察家更加不安的是，"富者愈富，贫者愈贫"的马太效应也波及了中产阶层，这一群体往往被视为民主社会的稳定基石。在硅谷互联网新贵的刺激下，新技术的到来使中产阶层面临失业狂潮，以职业定义中产阶层的时代逐渐过去。

如何看待在中产阶层财富流失以及身份焦虑的作用下出现的，这一令人不安的"美丽新世界"？弗里兰甚至认为这是一个正在"挖空"中产阶层的资本时代，她提出了一个无比尖锐的问题：如何保证拥有强大经济能力的巨富不使 21 世纪的资本主义变为一种流动性停滞的精英（贵族）制度甚至是裙带资本主义？

弗里兰是加拿大人,哈佛大学毕业,她的成名作是描述俄罗斯转轨内幕的《世纪大拍卖:俄罗斯转轨的内幕故事》。很多年过去了,我至今仍记得该书中描述的一个场景:在私有化刚刚开始的俄罗斯,已经有少部分人富起来,这些人虽然财富来路不明,消费起来却肆无忌惮。一朵即将枯萎的玫瑰在一个舞会上以110美元的价格被拍卖,这对当时无处不在的失业人群来说无疑是一笔巨款。考虑到当时那些普通俄罗斯人的生活状况,弗里兰觉得这样的炫富行为"令人作呕",但同时她也认为"可以购买"这种行为本身就代表了一种权利的进步,是抛弃了计划等体制约束的进步,她甚至说:"如果这表示对苏联的一种唾弃,对苏联传统制度的一种公开咒骂,那还是很便宜的。"[①]

曾经支持"购买玫瑰"炫富行为的弗里兰如今走向了对富人的批判,这倒是一个值得思考的现象:资本主义往往倾向于扩大收入差距,当资本主义取代计划经济时,它被认为是正义的,而当它在美国造成收入差距悬殊时,却备受批判。

反观今日的全球经济,人们对"购买玫瑰"的评价是否会发生变化呢?可购买本来就是资本的特征之一,依赖市场力量崛起的巨富的出现可能令人不快,但这或许也是市场经济必须承受的一种代价。

资本逐利是天性,而对资本最好的奖励也是资本,资本自

[①] [加拿大]克里斯蒂娅·弗里兰:《世纪大拍卖:俄罗斯转轨的内幕故事》,刘卫、张春霖译,中信出版社2004年版。

然会流向最能产生收益的地方,对希望得到社会帮助的穷人而言这也会产生间接的收益。或许,部分人过分富有这一局面确实冒犯了其余的人,但如果不平等伴随着经济高效发展,那么不平等就不应该成为惩罚成功者或者富人的简单理由。

这是富人的视角,那么在穷人看来,又是不同的情况。

软阶层的梦想:从注重效率回归关注公平

全球不平等不仅仅关乎金钱,更关乎感受。这是一个零和游戏,有人得,有人失。

贫富差距正在成为全球化的一个新镜像,全球不平等成为时代新热点。以美国为例,《了不起的盖茨比》的故事发生在美国的爵士乐时代,这个时期主要是第一次世界大战后与经济大萧条之间的十余年,那是美国贫富差距最大的时间段之一,菲茨杰拉德是那个时代的典型作家,他评价那个时代:"这是一个奇迹的时代,一个艺术的时代,一个挥金如土的时代,也是一个充满嘲讽的时代。"

伴随着经济大萧条以及战争的来临,世界主要国家的贫富差距开始缩小,而第二次世界大战后的经济发展,也为不少白领、工人带来希望,城市中产开始崛起。然而到了2000年,情况开始发生变化,一方面经济的滞胀难以消退,另一方面贫富差距开始加大。这一趋势在2008年体现得更加明显,不少国家的工薪阶层收入水平至今仍旧没有回到经济危机之前，而收入增长的大部分也被少部分处在金字塔顶端的人拿走，导致出现了"占领华尔街"运动以及各类反对收入占顶端1%群体的抗议声音。

如此境况之下，政治经济学也在回归，从托马斯·皮凯蒂的《21世纪资本论》广受追捧可见人心所向。而全球不平等有其代价，政治上民粹主义的兴起、英国脱欧以及美国特朗普的上台正是其反映。更为重要的是，经济民粹主义其实也在兴起，只是更为隐蔽，表现为主要国家公共债务比例呈现上升趋势。

从经济方面来看，以往看重效率的做法在社会变化之下也有所改变，不平等开始回归关注中心。英国经济学家安东尼·巴恩斯·阿特金森（Anthony Barnes Atkinson）是研究不平等问题的大家，也是皮凯蒂的老师。他根据数据指出，在过去100年里，前一阶段的主要趋势是富裕国家内部的不平等程度下降，而国家之间的不平等差距拉大，后一阶段的主要趋势则是富裕国家内部的不平等程度在加剧，而国家间的不平等差距在缩小，即国家内部的不平等水平变化趋势呈现U形，而国家间的不平等水平则呈现型。从社会结构来看，软阶层社会不再是橄榄型社会，它更接近于一个S型社会，中产微弱，两头膨胀，阶层向上的通道虽然缩小但没有关闭，向下滑落的通道则大为敞开。

如此，怎么办？或许更为温和的调节方式还是经济手段，如税收。以往税收总被认为是在增加政府收入，但是其另一个

03 差距："富人与你我不同"

重要作用——调节收入差距，或许在当下能发挥更大的作用。

的确，在这方面政府还有很多工作需要做，除了千呼万唤的个人所得税改革之外，在如何更均衡地为国民提供养老与医疗保险等基础福利的问题上，中国还有很长的路要走。

穷忙族：贫穷的真相在于稀缺

流行美剧《破产姐妹》讲述了一个典型的都市追梦的故事：两个在快餐店工作的服务员麦克斯与卡洛琳希望通过自制小蛋糕创业致富。她们年轻上进，为了事业甚至都不要爱情，她们的蛋糕据说连家政女王玛莎·斯图尔特（Martha Stewart）之类的名流也赞不绝口，但是她们距离梦想始终有一步之遥，无法存够创业基金。

这是一个情景喜剧，本质上却是一个辛酸的故事。两人的发展其实和运气无关，而是一直受限于创业基金的规模，无论她们怎么节省、怎么努力、多么幸运，最终好像都是一场空。这不仅是两个美国布鲁克林区女孩的黑色幽默故事，更是天下所有穷人的普遍困境。为什么穷人始终在贫穷的边缘挣扎？推而广之，在时间、金钱等关键因素稀缺的情况下，人的心态会发生什么样的改变？

哈佛大学终身教授塞德希尔·穆来纳森（Sendhil Mullainathan）与普林斯顿大学心理学教授埃尔德·沙菲尔（Eldar Shafir）的研

究向我们揭示了关于真相的另一面。这是一个行为经济学家与心理学家的组合,而且前者还是一个29岁就获得了"麦克阿瑟天才奖"的学术明星,他们的结论和一般的经济学研究截然不同。不过论述清楚一个问题,尤其对大众读者来说,有时候更需要有数据、有故事。① 额外说一句,这或许与穆来纳森的印度背景有关,他对贫困现象高度关注,而且融入不少人文关怀,这在经济学家中并不多见。

他们通过很多实验证明,无能可以导致贫困,贫困也可以导致无能,最典型的案例就是农民。农民刚刚获取收成的时候属于比较富裕的时候,他此时的测算表现也好于相对贫困时。人还是同一个人,如果贫困挤占了大多数注意力与精力,那么这个人就很难成功地应对其他事,这会导致进一步的贫困。

相应地,人们往往对穷人有着很多偏见。比如,学生汉娜(Hannah)做测试,她做对了很多难的题,也做错了很多简单的题,因此对她的表现很难界定。有两份针对她的表现的评估材料,一份材料显示汉娜来自中产阶层,另一份材料显示汉娜来自穷人家庭,结果人们对前者的评价比对后者要好得多,换言之,大家更宽容"富人汉娜"而不是"穷人汉娜"。

穷人的某些行为确实容易招致偏见,但人们也有对偏见的偏见,那就是忽略某些招致偏见的行为背后的原因。很多不当

---

① 他们的研究详见浙江人民出版社2014年出版的《稀缺:我们是如何陷入贫穷与忙碌的》,主要思想由他们发表于《科学》(*Science*)杂志上的一篇研究贫困阻碍认知功能的论文扩充而来。

03 差距："富人与你我不同"

行为其实对穷人来说具有经济理性，这是其稀缺心态所造成的。比如，人们总认为聪明的人就可以赚到钱，甚至曾有一条热门微博博文还问诺贝尔经济学奖得主罗伯特·席勒（Robert Shiller），既然经济学家那么聪明，为什么他们不是有钱人？这个问题隐含的逻辑前提就是聪明人可以赚钱，反过来说，穷人的智力就更低。比如有些穷人看起来懒散，好像他们宁愿无所事事也不愿意工作，但事实上没有足够多适合他们的工作机会，他们也没有足够的技能。他们明明可以接受职业培训却总是错过，原因也在于这些职业培训对于解决他们的燃眉之急毫无意义。

稀缺也是经济学的研究领域，甚至可以说稀缺在经济学中无处不在，行为经济学对稀缺的研究则引入了人们对于稀缺的感受。最典型的效应就是稀缺会俘获大脑，"对于饥饿的人来说，他们需要食物；对于忙碌的人来说，他们需要亟待完成某项工作的时间；对于缺钱的人来说，他们需要想办法支付每个月的房租；而对于孤独的人来说，他们需要他人的陪伴。稀缺造成的后果不仅仅是因为我们会因拥有的太少而感到不悦，而是因为它会改变我们的思维方式，会强行侵入我们的思想之中"。[①]

稀缺会改变人类的思维方式，可以说是在无形之中侵入人类思想。这一效应有助于人类集中精力完成首要任务，但是也

---

① [美]塞德希尔·穆来纳森、埃尔德·沙菲尔：《稀缺：我们是如何陷入贫穷与忙碌的》，魏薇、尤志勇译，浙江人民出版社2014年版。

可能会带来其他隐性后果。稀缺俘获大脑会挤占我们的大脑"带宽",即我们的心智容量,虽然看起来无形,但是可以具体定义为认知能力和执行控制力。因此,如果我们过于关注稀缺,那么就会导致出现只见稀缺事物不见稀缺之外事物的"管窥危险"。就像一个经历饥饿实验的人回忆只有食物才能带来刺激:"这辈子没有几件事情像这次实验那样,让我恨不得赶快结束。其实身体上的不适并没有多么严重,真正令人无法忍受的是,在实验过程中,食物成了人生中最重要的东西,成了人生的中心和唯一。而如果食物成了唯一,那么生活就会变得十分无趣。看电影时,男欢女爱的场面不会令你产生多大兴趣,而一旦那些男男女女开始吃东西,你就会眼前一亮。"[1] 这一感受,相信不少节食者心有戚戚焉。

最关键的因素在于,如果我们因为稀缺,将核心资源分配给稀缺事物,对于不那么紧要但是重要的事物的关注不够,就可能造成危害。比如,有些农民明明知道买农药、买保险可以增加意外产量,经济学上的账目一算就很清楚,但是贫穷的农民往往不会这样做,因为当下更需要这笔钱而没有买农药和保险,最后又导致进一步的贫困。这一效应不仅对于个体如此,对于组织也适用。还有一个例子,美国国家航空航天局在1998年犯过一个严重错误,导致价值1.25亿美元的火星探测器项目

---

[1] [美]塞德希尔·穆来纳森、埃尔德·沙菲尔:《稀缺:我们是如何陷入贫穷与忙碌的》,魏薇、尤志勇译,浙江人民出版社2014年版。

03 差距："富人与你我不同"

失败。这一错误其实就是没有看出两家制造商英制与公制的区别，其实在核查中完全可以避免，但是当时间紧迫，而其他事情占据技术人员大脑"带宽"的时候，这个事前已经发现一些苗头的失误就会被忽略。

随着《破产姐妹》的故事讲述了一季又一季，两人一路跌跌撞撞，也遇到不少机会，瓶颈之一则在于她们的创业基金一直没有达到期待数目，而且存款往往起伏不定，随时都有归零的可能，因此无法换好的铺面，招聘帮手，扩大规模，学习新技术，改善管理，甚至全身心投入创业等。每当她们存到一笔钱的时候，总有各种不幸的事情发生并卷走她们的钱。于是，支撑她们的似乎只有彼此以及那些看不见的观众的爱。这其实就是穷人或者"忙碌族"的宿命。值得注意的是，无论是时间稀缺还是金钱稀缺，任何节流的想法，其实都很可能会占据更大的流量（除非你的未来流量贴现率很低，这种情况也就无所谓了）。因此，比起静态地节省带宽，更重要的是动态地拓展带宽。

在软阶层时代，如何应对穷人对稀缺的心理感受？教育是很重要的方面，无论是对于被教育者还是教育者来说。例如，一个扶贫小组希望教授穷人一些基本的财务知识，但是总有人旷课迟到，一方面穷人有很多事情要处理，另一方面这些知识对于他们的生活来说过于遥远。扶贫小组在了解了情况之后，改写教材内容，使内容更加贴近穷人的生活，不仅出勤率上升了，而且不少人表示愿意主动出钱接受培训。

穷人的悲剧有时在于，现实压力使他们不得不采取穷人的思维，做出穷人的反应，从而可能拖累了自己，一辈子也摆脱不了贫穷的困境，这就是所谓"贫民窟的孩子长不大"的原因。如何改变这种情况？这就是经济学的问题。一方面在于拓展带宽的容量，更多地以未来的时间来思考当下，换言之，这是一种动态思维。另一方面则是在带宽有限的情况下，让资源分配更为合理，设定更多安全阀，避免出现倒在最后1公里的悲惨局面，这对于扶贫之类的工作更有意义。对于低效率的工作狂而言，可能主动放弃一部分注定完不成的工作更有意义。

在软阶层时代，其实人人都是某种意义上的"穷人"。我们对于贫穷的偏见，遮蔽了对贫穷的耻感。事实上人人都存在稀缺的窘迫，除了金钱方面，还有时间、生命以及精神生活的质量等方面。这也使穷人的金钱稀缺与白领的时间稀缺具有了同等的意义，人和人之间有了"共情之桥"，而不仅仅是以金钱划分阶层关系。

这对于社会公共政策而言，意义不小。任何技能或者教育资源的获得，都需要相对宽松的带宽，因而改变穷人的困境很多时候要从改善带宽入手。也许贫民窟能出现个别名人，但是这对于贫民窟整体的状况改善无济于事，如果要大幅改善穷人的生活状况，可能需要更多形式的对社区整体的付出，无论是教育还是培训。

有趣的是，在《破产姐妹》中，天然存在一个实验经济学的对照组。麦克斯生在穷人家庭，而卡洛琳来自富人家庭，手握沃顿商学院MBA文凭，只是一时家道中落。在和麦克斯一

03 差距:"富人与你我不同"

起生活时,虽然卡洛琳时刻强调她的财经背景,也做了很多相关努力,如借贷、培训等,但这些却并没有使她们的蛋糕生意真正起步。这论证了《稀缺:我们是如何陷入贫穷与忙碌的》中的两个结论:第一,当一个人处在贫穷之中,他的注意力可能更多放在应对贫穷上,从而降低了他的其他表现水平,即使他有能力也有良好的教育背景;第二,卡洛琳所受的富人教育与穷人生活不相适应,甚至她主张缴费参加的很多企业培训,其实对她们的小作坊并无直接帮助。

卡洛琳的命运,也是《稀缺:我们是如何陷入贫穷与忙碌的》等研究中没有展开讲的故事。一个富人不小心跌进贫民阶层却毫无翻身机会,这是否也说明社会的流动性正在冻结?书中不少实验针对的是极端情况,比如极端忙碌以及极端贫困、极端饥饿,我很好奇,过了一定的收入门槛之后,稀缺是否就不再那么影响甚至占据人们的头脑;进一步说,如果将这种极端缺乏变为极端渴求,比如极端渴求成功的政治家、极端渴求金钱的商人,也许他们不缺少金钱,但是他们仍旧对金钱有极大的渴求,这会影响他们的带宽吗?

04 转折
共同富裕如何造"富"软阶层

不断加大的贫富差距,加上新冠疫情的冲击,使得全球软阶层不约而同地面临阶层保卫战。

如此情况之下,公共政策该如何回应?东西方都做出了一定调整。在欧洲,托马斯·皮凯蒂等著名经济学家提出对富豪征重税,美国也不乏提倡"全民基本收入"等声音,比如2020年美国总统候选人中,华裔杨安泽(Andrew Yang)最为人熟知的理念,就是"给所有美国人每月发1000美元"。

在中国,共同富裕近年成为新闻关键词。

共同富裕提出的背景是什么?疫情为软阶层带来哪些变化?这对于软阶层意味着什么?在大时代变局之中,软阶层可以把握哪些机会?

丘也闻有国有家者,不患寡而患不均,不患贫而患不安。

——《论语·季氏》

一部分人生活先好起来,就必然产生极大的示范力量,影响左邻右舍,带动其他地区、其他单位的人们向他们学习。这样,就会使整个国民经济不断地波浪式地向前发展,使全国各族人民都能比较快地富裕起来。

——《邓小平文选》(第二卷)

过去搞平均主义,吃"大锅饭",实际上是共同落后,共同贫穷,我们是吃了这个亏的……

——《邓小平文选》(第三卷)

1000 块钱能做什么？

1000 块钱能做什么？对于富人，它可能是一个小目标的 0.001%；对于中上阶层，它也许是一顿饭钱，或者是孩子的一次早教课的费用；可是对于沉默的 6 亿人，它很可能就是一个月的全部收入。[①]

这个数据初看起来，非常反直觉，也许很多软阶层的第一反应是不可能，但其口径来自官方。2020 年十三届全国人大三次会议闭幕会后，时任总理李克强在记者会上如此说，"中国是一个人口众多的发展中国家，我们人均年收入是 3 万元人民币，但是有 6 亿人每个月的收入也就 1000 元"。

之所以和多数人的认知不同，是因为收入的测算方式不同。

一方面，全部人口包含不少非就业人口，非就业人口的收入自然不高，比如孩子与老人。

另一方面，在统计上，"居民可支配收入"不止包含大家熟悉的工资，还包含经营性收入、财产性收入和转移性收入。在过去，大家的收入以工资为主，但是随着经济发展，后三种收入也不断增加。国家统计局数据显示，2019 年中国工资收入仅

---

① 国家统计局编：《中国统计摘要 2020》，中国统计出版社 2020 年版。

占全部收入的56%，其余三种收入分别占17%、9%和18%。[①]

更重要的是，根据2019年相关数据，我国低收入组和中等偏下收入组共40%的家庭对应的人口为6.1亿，人均年收入为11485元，人均月收入近1000元。[②]

同样是收入，换一个角度，我们也可以看到不同信息。还是根据2019年国家统计局的数据，当时中国国内生产总值接近100万亿元，而人均国民总收入（GNI）则首次超过1万美元。这一数据是什么概念？中等偏上收入国家的人均收入是9074美元，中国高于这一水平。横向对比之下，2000年，在世界银行公布人均GNI数据的207个国家和地区中，中国排名仅为第141位，而到了2019年，在公布数据的192个国家和地区中，中国排名上升至第71位。

根据国海证券首席宏观分析师樊磊等人的研究，2019年中国家庭人均月收入低于2000元的低收入群体仍然多达7.1亿人，这些超过一半人口的收入仅占全部居民可支配收入的14%，而最富裕的1%（1400万人）人群的家庭人均月收入则达到了近5万元，占全部居民可支配收入的比重达到了12%。

从经济学的角度来说，收入差距往往可以用基尼系数来衡量。基尼系数最大为1，最小为0，越接近0，则说明收入分配越平等。基尼系数多少是合适的？当下并没有最佳答案。但是

---

① 国家统计局编：《中国统计摘要2020》，中国统计出版社2020年版，第59页。
② 同上书。

04 转折：共同富裕如何造"富"软阶层

普遍认为，基尼系数超过 0.4，就是收入差距过大，超过 0.5，则说明差距值得警惕。

中国的基尼系数是什么情况？从一些公开数据看，这些年中国的基尼系数总体稳定在 0.4 至 0.5，2008 年达到最高点之后有所下降（见图 4.1）。

那么，为什么软阶层还是感到压力很大？

首先，这些年基尼系数下降幅度有限。前些年中国发展研究基金会的报告显示，中国居民收入基尼系数在改革开放初期不到 0.3，2003 年为 0.479 左右，2008 年上升到 0.491，近年来虽然有所下降，但仍旧维持在 0.46 以上的高位（见图 4.1）。

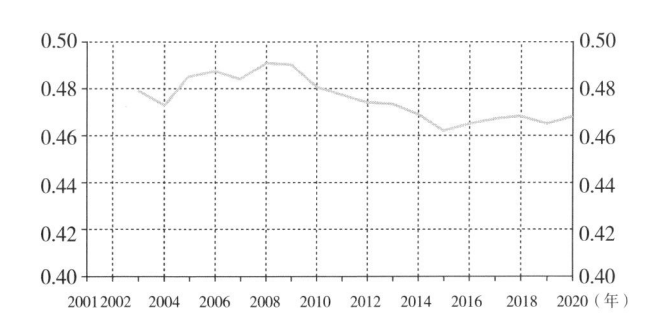

图 4.1 中国居民收入基尼系数

资料来源：国务院发展研究中心，《中国发展报告》。

其次，高收入人群可能存在瞒报收入的动机，加上税收制度不够完备，国家统计局公布的基尼系数很可能是低估了的。

根据西南财经大学甘犁教授及其团队的早年调查数据，中国收入占前 10% 的家庭收入占总收入的 57%，前 5% 的家庭收入占总收入的 44%——这一水平明显偏高。①

最后，收入和财富并不是一个概念。同样月薪 2 万元，家中有房还是没房，带来的消费观往往也不同，这也使得基尼系数不能完全体现软阶层的感受。如果以家庭财富为基准来计算基尼系数，则贫富分配不均的状况甚至高于以基尼系数来做的衡量。另外，房价、医疗、教育等压力，也使得软阶层有储蓄倾向，存在收入增加而消费降级的现象。

因此，中国的收入差距问题必须予以重视，而新冠疫情的出现，使得趋势变化加快。

共同富裕：后疫情时代的"加速"趋势

回顾 2020 年，非常不容易，新冠疫情、股市熔断、美国大选等，可以说不是一只灰犀牛或者黑天鹅，而是成群出现。历史，好像在这里转了一个大弯。

往回看，很多人认为疫情改变了世界。事实上这可能是一种老生常谈的错觉。如果我们认真审视，会发现疫情并没有改

---

① 甘犁：《最高收入 10% 家庭在总收入中占比 57%》，载新浪网，见 https://finance.sina.com.cn/review/hgds/20121105/110913577838.shtml。

04 转折：共同富裕如何造"富"软阶层

变世界的趋势，只不过是加快了趋势的发展。从这个意义上讲，新冠疫情的到来，恰逢拉开21世纪的序幕之时，站在这个时间点去审视中国经济以及世界经济，会有不一样的风景。在谈到未来时，我在《趋势：洞察未来经济的30个关键词》中总结了三大趋势：中美交恶、国内投资回报率下降以及软阶层时代到来。①

可以说，后疫情时代的关键词是加速。以上三大趋势，也会出现加速迹象。

首先，就国际而言，中美交恶长期化。也就是说，这些年中美之间的故事虽然以贸易摩擦开始，却很难以贸易摩擦结束。疫情之下，各种批评与对立，事实上也使得双方的民间感情都在变化。

2020年美国大选，拜登在争议中胜出。这表面看起来对中国也许是好消息，但是深入来看未必如此。如果重新梳理中美关系变迁，会发现对中国的看法改变并不取决于美国个别人和个别党派的意见，而是美国最近五六年的系统性认知转变。对中国强硬不是某党派的意见，而是民主党和共和党的共同认知。在这样的格局之下，维持中美之间友好关系甚至"斗而不破"的局面，将极大考验两国领袖的领导力与平衡力。

其次，从国内看，经济投资回报率可能在一定时间内持续下行。

---

① 徐瑾：《趋势：洞察未来经济的30个关键词》，东方出版社2020年版。

这意味着什么？从宏观数据看，我们的经济增速会迎来阶梯式下滑，而更重要的一点是，企业赚钱越来越难，容易赚的钱越来越少。

核心原因是什么？回顾2015年，《人民日报》采访了某"权威人士"[①]，当时权威人士就给出经济走势呈L形的判断，"在2015年，综合判断，我国经济运行不可能是U型，更不可能是V型，而是L型的走势，这个L型是一个阶段，不是一两年能过去的"。

这个看法在今天看来可能很普通，但是在当时并不寻常，即使是主流经济学家也未必认同。当时最吸引眼球的争论还是关于中国经济增速能否"保八"。现在看来，该"权威人士"显然看到了大家没有看到的地方，L型走势的一个核心因素就是债务的累积。

中国目前的情况其实和20世纪80年代的日本有些类似。国际清算银行的数据显示，中国非政府债务占GDP的比重越来越高。比起这个数字，更值得关注的是这个数字变化的速度，在如此短的时间之内竟达到如此高的债务攀升，那么债务背后的资产必然存在很多隐患。比如，2020年年末，债市出现了一些国企债务爆雷的情况，引发了对国企信用的担忧。监管处理还算得力，使得情况稳定。事实上，债务个别爆雷不是问题，债务集体爆雷才是问题。

[①] 《开局首季问大势》，载《人民日报》2016年5月9日。

04 转折：共同富裕如何造"富"软阶层

考虑中国的情况，首要任务是避免由债务违约演变成金融危机，监管机构对此应该有经验，债务很可能走上缓慢消化的道路。问题在于，债务缓慢消化，其实也是一个经济活力受损的过程，我们应该做好准备。

最后，就家庭与个人而言，将会迎来软阶层时代。2017年前后，基于对城市中等收入群体现状的观察与思考，我尝试着提出了"软阶层"这一概念，当时没有太多人接受。彼时，不少朋友借资本乘风破浪，目标是阶层跃升，自然对此不以为意。事实上，后来几年的时间却逐渐表明，软阶层时代不仅可能，而且正在来临。

当资本的雄心受到打击，实体赚钱不容易，各类资产价格也难以上扬，家庭收入增速下降时，一切玫瑰色的梦想都会回归本来面目。

这个世界的未来，是由科技主导的，智能化等趋势日益明显。不幸的是，一些人却不一定能够从中受益。世界经济论坛在2020年的一份报告中预测，到2025年，半数工作将由机器处理，"机器人革命"会在全球创造9700万个工作岗位。据悉，近年来机器人只从事1/3的工作，但未来人类的许多工作岗位会消失，这意味着，也许有新的岗位诞生，但人类的许多旧工作岗位也会消失。

在这种情况下，政府如何构建社会安全网络，是一个大问题。就居民个人而言，如何使自己的选择多起来，也同样重要。一个人在一个行业甚至一家公司待一辈子的时代已经过去了，每个人都必须准备自己新的人生计划，发现更多职业备选，挖掘更多生活赛道（我将其称为"二手人生"），让自己在即将到来的时代变化中免于沉沦。

在前述三大趋势加速时代，无论是国家、公司还是个人，都需要思考计划，构思更多备选项，否则，可能会面临不进反退的困境。刚刚开启的软阶层时代，是一个颠倒的时代，也是一个重新定位的时代。

2021年也有其政治含义。对于中国来说，这是新的五年计划的开始，也就是"十四五"规划的开局之年。按照政府的规划，经济收入的未来目标是"人均国内生产总值达到中等发达国家水平，中等收入群体显著扩大"。这个定位，不仅对经济增速提出了要求，其实也意味着中国的定位转换：从一个发展中国家，开始迭代为初等发达国家，最后进化为中等发达国家。

中等发达国家的标准一般是人均GDP 2万美元左右，这意味着经济未来要维持4%以上的增速，达到这一目标，需要付出相当多的努力。而成为中等发达国家，也意味着我们需要思考自身在亚洲乃至全球的定位。

共同富裕的价值

2021年11月19日，在由国家语言资源监测与研究中心、商务印书馆等联合主办的"汉语盘点2021"活动中，"共同富

04 转折：共同富裕如何造"富"软阶层

裕"与"疫苗""双减""绝绝子""社交天花板"等流行语一起，入选 2021 年年度推荐字词的国内词。

共同富裕并不是新词，在改革之初，邓小平就多次表态过"先富带动后富"的共同富裕路径。1986 年 8 月，在视察天津时，邓小平同志再次强调："我的一贯主张是，让一部分人、一部分地区先富起来，大原则是共同富裕。一部分地区发展快一点，带动大部分地区，这是加速发展、达到共同富裕的捷径。"

此后，共同富裕也在官方文件中不断出现。2012 年党的十八大以及之后的"十四五"规划中，强调要坚持走共同富裕道路。在党的十八大报告中，已经可以看出，收入分配改革是之后 10 年经济领域改革一大重点。在明确 2020 年"全面建成小康社会"的目标之外，时任党中央总书记胡锦涛还强调"实现国内生产总值和城乡居民人均收入比 2010 年翻一番"。

"翻番"在官方文本中出现的频率不低。20 世纪 80 年代，党的十二大就提出了二十年"翻两番"的战略目标，这也构成了后续为人熟知的"三步走"构想；与以往不同的是，本次特别强调了国内生产总值与居民人均收入的同时"翻番"，这也成为中国版的"居民收入倍增计划"。

这一目标其实还传达了一个积极的信号：中国希望国富与民富并举。这听起来与经济学鼻祖亚当·斯密（Adam Smith）的理念相去不远——当刚刚萌发的经济学还被视为政治经济学时，他就为经济设定了"富国裕民"的两个目标：第一，给人民提供充足的收入或生计，或者更确切地说，使人民能给自己提供这样的收入或生计；第二，给国家或社会提供充分的收入，使公务得以进行。

到了2021年，小康社会如约而至。如果说，"先富带动后富"是过去的主流路线，如今重新强调的共同富裕则意味着变化的开始，未来公共政策会走向何方？

值得注意的是，共同富裕多次出现在新闻头条，可以说是中国经济社会发展到软阶层时代的必然。应该说，强调共同富裕，从一定意义上体现了公共政策对于软阶层时代到来的一种回应。

共同富裕是中国式现代化的重要特征。2021年8月17日，在中央财经委员会第十次会议上，习近平总书记提出"扎实推动共同富裕"，并强调，"我们说的共同富裕是全体人民共同富裕，是人民群众物质生活和精神生活都富裕，不是少数人的富裕，也不是整齐划一的平均主义"。[1]

除了定义共同富裕，习近平总书记还给出不同阶段的目标，给出分阶段促进共同富裕的路线图：到"十四五"末，全体人民共同富裕迈出坚实步伐，居民收入和实际消费水平差距逐步缩小。到2035年，全体人民共同富裕取得更为明显的实质性进展，基本公共服务实现均等化。到21世纪中叶，全体人民共同富裕基本实现，居民收入和实际消费水平差距缩小到

---

[1] 习近平：《扎实推动共同富裕》，载《求是》第20期，2021年10月16日。

04 转折：共同富裕如何造"富"软阶层

合理区间。[①]

定调2022年中国经济发展大计的2021年中央经济工作会议上，再次提出实现共同富裕目标，首先要通过全国人民共同奋斗把"蛋糕"做大做好，然后通过合理的制度安排把"蛋糕"切好分好。

从上述表态来看，共同富裕的问题，不仅是一个关乎效率与公平的道德问题，也是一个关乎增长与分配的经济问题，更是一个关乎政策与执政的制度问题。

值得注意的是，共同富裕也强调要有分阶段目标，不是"平均主义"或者"杀富济贫"。

那么，共同富裕对公共政策提出了什么要求？从官方文件来解读，可以看出一些着力点。

首先，强调共同富裕是全体人民的富裕，不是少数人的富裕，鼓励勤劳创新致富。这意味着我们除了对"富裕"的思考，应该对"共同"二字有更多思考。未来政策方向对平等的追求会加大，"普惠性"服务供给也会得到提升。2021年对教培行业的整顿和对"网红"纳税的追缴，就闪现着这种思路的影子。

其次，就收入分配而言，强调构建初次分配、再分配、三次分配协调配套机制。初次分配一般是来自市场作用，即各经济成员从通常的经济活动中获得收入，如工人获得工资、企业获得利润等，这一过程重视效率；再次分配更多是来自政府工

[①] 习近平：《扎实推动共同富裕》，载《求是》第20期，2021年10月16日。

作,如设置不同税种、征收非均等税等,这一过程兼顾公平;三次分配则是来自高收入群体自愿的慈善与公益。

通过考察居民收入可知,中国居民人均收入增速总是慢于GDP增速,实现居民收入倍增,仍旧压力不小。国家统计局数据显示,从2001年到2010年,我国GDP增加了2.62倍,而居民收入只增加了2.34倍,少增加收入接近2万亿元。这一现象,无疑是初次分配和再分配共同作用的结果,是否有可改进之处,值得深入研究。

值得注意的是,第三次分配的说法耐人寻味。在国外,因为有税收、宗教等因素,第三次分配往往很普遍,但是在国内,第三次分配尚在发育中,甚至有不少"慈善"活动沦为作秀。对此,不少互联网平台公司纷纷表示会加大社会公益的投入。这对于中国政商业态的改变,只是刚刚开始。

就收入分配的问题,应保持理性与辩证的态度。毕竟,即使对日本的"收入倍增计划",评价也褒贬不一,也存在通胀以及不公等批判。

换言之,收入分配存在的诸多弊端,只是我们过去经济发展模式的必然后果之一。一方面,在核心资源、关键要素未能充分市场化的情况下,资本流动以及工资增长必然向体制内企业与个体倾斜,而体制外个体以及公司必然因此体会名义收入与实际收入的"双轨制"之苦;另一方面,竞争成败有时并不取决于遵守公平的游戏规则,一些地方政府掌握的庞大资源与

04 转折：共同富裕如何造"富"软阶层

由此派生的腐败问题会加剧分配失衡。

最后，就收入层次而言，强调扩大中等收入群体规模，增加低收入群体收入，合理调节高收入，取缔非法收入，形成中间大、两头小的橄榄型分配结构。

这无疑是值得追求的理想状况，而要达到目标，实际上有不少微妙均衡需要把握。例如，从国企与民营企业就业密度对比出发，不难发现，同等数量的投资与资本存量，在民营企业中可以创造更多就业岗位，有助于中等收入群体规模的扩张。事实上，近年来，民营企业一直是吸纳就业的主力军。然而，民营企业的成功在贡献于中等收入群体扩张的同时，也会导致出现一批身家万亿元的富豪。例如，腾讯、阿里巴巴、美团等互联网巨头公司产出了一大批高收入程序员，也把大佬送到了全球富豪榜上。那么，从政策上讲，是应该鼓励民营企业的发展，还是限制富豪的财富增长？这如同熊掌与鱼一样很难兼得。

说到底，收入分配不平衡的根源在于发展模式的失衡，必然只能通过进一步的改革来扭转失衡。解决收入分配难题，关键在于两点：第一，藏富于民；第二，政府承担其基本的对弱势群体的社会关怀。

就第一点而言，最有效的方式无疑在于界定政府权力的边界，进一步释放民间力量的经济活力。政府多次强调经济体制改革的核心问题是处理好政府和市场的关系，并保证各种所有制经济依法平等使用生产要素、公平参与市场竞争、同等受到法律保护。要达成这一目标，必须提供合理的制度安排与完善的法治保障，通过公平竞争决定企业成败与要素报酬。

就第二点而言，政府需要回归服务型政府，矫正过分强势的投资角色，在中央与地方财力的安排上充分照顾到弱势群体的利益。这样，不仅经济可以获得更高的潜在增长速度，收入分配的问题也会因此自然缓解。

一言以蔽之，还是回到亚当·斯密曾论述的国家天然具有的三重义务：第一，保护社会，使不受其他独立社会的侵犯。第二，尽可能保护社会上各个人，使其不受社会上任何其他人的侵害或压迫，这就是说，要设立严正的司法机关。第三，建设并维持某些公共事业及某些公共设施。

软阶层如何构建安全底线

在某种意义上，共同富裕与中国改革的愿景也紧密相连。

回望中国改革的起点之一，正是打破平均主义。当年邓小平多次强调"一部分地区、一部分人可以先富起来，带动和帮助其他地区、其他的人，逐步达到共同富裕"。"一部分人先富起来"的理念曾经瓦解了诸多意识形态束缚，使中国改革开放得以轻装上阵。

但是时至今日，却不得不令人反思"不患寡而患不均"，贫富不均成为不得不直面的社会问题：虽然国家整体财富日益增加，但是贫富不均使得社会中的相对剥夺感上升，而灰色收入以及腐败等现象则为收入分配乃至社会稳定带来新的不安全感。

一个国家经济发展的目标，必然是以人均收入的增长为主要标杆，人民必须分享增长的成果。中国超越日本成为世界第二大经济体之后，人均收入却仍落后发达国家。

事实上，这并非新鲜事，亚当·斯密就曾注意到这一点。其将中国视为"世界上最富的国家"，认为中国一向土地最肥沃、耕作最精细、人口最多而且中国人最勤勉；但与国家的富庶形成鲜明对比的是，中国民众尤其是下层民众的生活窘迫，"中国耕作者终日劳作，所得报酬若够购买少量稻米，也就觉得满足……中国下层人民的贫困程度，远远超过欧洲最贫乏国民的贫困程度"。

最富裕的国家与最贫困的民众之间，究竟存在怎样的制度鸿沟？这是一个类似"李约瑟之谜"的复杂问题，很难有简单的答案；但是"国富民穷"的"悖论"及此后数百年经济停滞的个中关系，似乎可用亚当·斯密的另一论述作为回应：劳动报酬优厚，是国民财富增进的必然结果，同时又是国民财富增进的自然征候。反之，贫穷劳动者生活维持费不足，是社会停滞不进的征候，而劳动者处于饥饿状态，乃是社会急速退步的征候。

在漫长历史中看，亚当·斯密颇具洞察力，国民财富的增进，不仅是劳动报酬优厚的起因，也是其结果。正如中国消费的萎靡，并非源于居民消费意愿不足，而是源于收入分配不平衡之下低收入阶层无力消费而高收入阶层消费比例过低，同时也是中产软阶层担忧各类风险，造成储蓄过多而消费能力不足的自然结果。

05 救赎
走出个体的"中等收入陷阱"

  软阶层时代既已到来,你无法躲避。就理论层面而言,软阶层社会投射到个人,其实就是个人的"中等收入陷阱"。进入中等收入状态,国家不进则退,个体也是如此。除了需要直面问题,更需要解决问题的勇气与策略,理解软阶层,才能最终跨越软阶层。

定义社会和定义生命一样难以做到。

——管理学奠基人　彼得·费迪南德·德鲁克

（Peter Ferdinand Drucker）

杀不死你的，使你更强大。

——弗里德里希·威廉·尼采

（Friedrich Wilhelm Nietzsche）

每个人呱呱坠地后，就活在一个没有知觉的牢笼，一个心灵的牢笼中。

——电影《黑客帝国》

在这个困惑的年代，旧的故事崩塌，新的故事还无以为继，我们该如何生存下去？

——以色列畅销书作家　尤瓦尔·诺亚·赫拉利

（Yuval Noah Harari）

最终，有一种投资好过其他所有的投资：那就是投资自己。

——沃伦·爱德华·巴菲特

（Warren Edward Buffett）

理解软阶层社会：相信未来

如前文所言，软阶层代表着未来阶层地位可能下移的中等收入群体，软的要义在于根基不稳，导致阶层向下流动，这和其无组织、无凝结核有关，也和其出现时间短、来得容易有关。

颠覆传统是现代社会的特征，《共产党宣言》中多次提到瓦解，但即使是后现代社会等说法，也已经不足以解释当下社会的丰富性。站在西方世界的角度来看，全球化导致资本和移民涌入西方世界，带来巨大冲击，也造成反全球化的新潮流，在英国社会学家齐格蒙特·鲍曼看来，当下的现代性已经演变为"流动的现代性"（liquid modernity），这一概念从不同侧面重写了人类的生存境况。[①]

流动的现代性背后，是流动性的社会，造就了东西方泥淖一般的软阶层社会，这种社会流动性并非仅体现为一般意义上向上的阶层流动，而是包含了广大群体普遍面临的从中等收入阶层下滑的压力。

软阶层社会降临堪称全球景观，但是东西方风景不同。欧美观念的蝴蝶翅膀的扇动，触动了中国的底层逻辑。未来的世界怎么样？技术、政治与经济，都会各司其职。

---

① ［英］齐格蒙特·鲍曼：《流动的现代性》，欧阳景根译，上海三联书店2002年版。

"这个世界会好吗?"

这是一百年前的提问。

这是思想大师梁漱溟的父亲梁济的疑惑,他曾经亲口问过梁漱溟。那是1918年11月7日,当时梁漱溟25岁,少年得志,已经以《究元决疑论》获得蔡元培赏识,成为北京大学的教师。那天,梁漱溟与梁济谈及当时甚是热门的欧战时事。梁漱溟的回答是这样的:"我相信世界是一天一天往好里去的。""能好就好啊!"梁济这样说,三天后,他投净业湖自尽。

百年云烟过眼,一闪而过,世界还是那个世界,仍旧不太平。今天看来,梁漱溟的回答,不仅像小说家米兰·昆德拉(Milan Kundera)的俏皮话"我是怀疑主义者,因此我不可能是悲观主义者",更类似欧洲的趋势研究者马蒂亚斯·霍尔茨(Matthias Horx)的乐观主义:"你可以想象一下,在未来,一切都会变得越来越好。世界每天都为我们带来了一点点小奖赏。"①

这种乐观主义,或许是人类从古至今所赖以生存的根基之一。哈佛教授史蒂芬·平克(Steven Pinker)试图用数据和事实说明,从健康、财富、安全、生活很多方面来说,世界越来越好,即使大家的感受不是这样。②

---

① [德]马蒂亚斯·霍尔茨:《这个世界会好的》,尹婉虹译,吉林出版集团有限责任公司2010年版。

② [美]史蒂芬·平克:《当下的启蒙:为理性、科学、人文主义和进步辩护》,侯新智、欧阳明亮、魏薇译,浙江人民出版社2019年版。

05 救赎：走出个体的"中等收入陷阱"

确实，从好的方面看，技术每天在进步，经济状况普遍改善，有趣的发明不断涌现，暴力事件发生的概率也比过去有所降低。这听起来有点像田园牧歌。在某种意义上，多数技术鼓吹者都是这样的论调。

讨论乐观，首先应该讨论我们当前为何恐惧，特别是这种恐惧的起因深深地根植于我们不断演变的历史中，根植于我们传统的观念中，它试图向我们证明，数千年来试图控制我们的灵魂与情感的悲观预言只是一种病态。

对于未来的这种恐惧机制，其本质可以说是一种"末日论"的社会文化现象。一般而言，正是基于这种"末日论"的恐惧心理，危机的发生在界定一个确定期限的同时，又往往用象征的手法模糊处理，于是混杂之下结果朝着有利于演变为一个简化的、恰好是灾难性的公众事件的方向发展，比如曾经人云亦云的玛雅人的 2012 年地球毁灭预言。

在一个祛魅化的现代甚至后工业社会，为什么我们还是会一次次被恐惧攫获呢？地球毁灭的"末日论"的传播机制又是怎样的呢？社会学家马蒂亚斯·霍尔茨认为这并非偶然，"末日论"其实是一种权力制造体系，这些表面"使我们感到些许快乐、些许毛骨悚然的传媒骚动"，背后的一切都与政治团体息息相关，与传媒集团、知识分子、末日论导师等团体有关。[1]

---

[1] ［德］马蒂亚斯·霍尔茨：《这个世界会好的》，尹婉虹译，吉林出版集团有限责任公司 2010 年版。

恐惧来了又去，始终不曾停止。因为恐惧有如病毒，周而复始地传播，人类的善忘也使此类"病毒"有了滋生土壤。也正因此，信息过载的时代注定是一个善忘的信息时代，对于恐惧的消费甚至是一个新的需求市场，成为新产业，其中的动机以及好处也是显而易见的，想想各类有机食品，更不用说各种对应的运动以及保健产品。

由此可见，对于"传道者"而言，诸多警示论显然有利可图。然而不可否认，对于普通人而言，悲观主义或许有其积极意义。例如，也许地球变暖存在争议，但各种节能汽车以及新能源也因此诞生。

在人类历史中，关于悲观主义与乐观主义的论证从来没有停止过，乐观有乐观的价值，悲观有悲观的意义。美国心理学家苏珊娜·吉格施托姆通过对250名参与者的长期研究，发现了悲观主义造福社会的一面：和乐观主义者相比，悲观主义者能够更容易适应真正的生活危机，因为"一旦在遭遇无法掌控的困难时，他们的悲观主义会证明自己无罪"。这个案例也得到了其他生活常识的支持，比如"健康疑心者"往往活得更久，因为疑心促使他们更多、更早地去看医生，更注意身体保健。

固然悲观主义在竞争上的优势或许能够解释悲观存在的理由，但乐观主义也不逊色。马蒂亚斯·霍尔茨更推崇一种现实的乐观态度。他认为，一方面，利己主义是健康的，因为我们都在试图改善处境，人们都是由血肉和欲望组成的有机生命体；另一方面，相互协商与合作是人类竞赛的决定性因素，因为整

05 救赎：走出个体的"中等收入陷阱"

体力量比部分力量要大得多。他甚至强调了忧虑的唯心乐观主义与进化的怀疑乐观主义的区别：唯心乐观主义希望乐观者争取一切理想事物（最终必定总是因此而失望），理性的乐观主义反而将世界看作系统化的自控机制。[①]

是否悲观与乐观谁在进化上更有优势，谁就更有利于人类发展？这不得不让人想起一个并不太久远的赌约。1980年，美国经济学家朱利安·L.西蒙（Julien L. Simon）和斯坦福大学的生态学家保罗·R.埃利希（Paul R. Ehrlich）有一场著名的赌局。前者认为随着人类发展，资源并非有限，而后者则认为根据简单计算即可得知短缺态势不可更改。他们的标的物是铬、铜、镍、锡、钨5种金属，每种买入200美元份额，10年之后根据金属价格涨跌支付对方差价。金属价格涨了，算生态学家赢；金属价格跌了，算经济学家赢。

期限很长，赌注不大，却引来各方关注，这被认为是关于悲观主义及乐观主义的赌局。结果如何？到了1990年，胜负分明，这5种金属在剔除通货膨胀因素后，均比原来便宜，与其说经济学家赢了，不如说技术进步以及价值规律发挥了作用。

不过，10年时间还是太短，人类的历史又太长。总而言之，如果说末日论反映出一种对人类的极度不信任，那么进化乐观主义则与之相反，在承认世界不完美的前提下，从生活中

[①] ［德］马蒂亚斯·霍尔茨：《这个世界会好的》，尹婉虹译，吉林出版集团有限责任公司2010年版。

寻找信任。如马蒂亚斯·霍尔茨所言,"末日论"断言衰落是不可避免的,世界不再有认识、学习的过程,不再有变迁,甚至产生了一种更深的、更极端的人类憎恨。与之对应,从长期来看,进化乐观主义则把信任置于生活之中,不仅把信任放置于"产生于那些我们必须长久地将其标榜为伟人的精英人群"中,甚至也放置于所谓的"生于被控告的为非作歹的下等人"之中,真正的信任意味着"对人类怀有宽恕之心,信任人类的一切"。①

联系前文,梁济听梁漱溟说完之后,说了一句:"能好就好啊!"然后就匆匆出门,三天之后投湖自尽,在那个"三千年未有之大变局"的时代,知识分子的悲观情绪并不鲜见,梁济并不是偶然案例。

那时,经历过第一次世界大战的欧洲同样弥漫着悲观论调,12年后,经济大萧条的阴影足以驱散人们的乐观情绪,甚至催生了极权主义的兴起。关于经济前景的悲观论调不绝于耳,一度迅速提高的生活水平开始放慢了脚步,人们开始怀疑增长的时代已经过去,甚至文明的前途也让人感到悲观。

这些言论是不是似曾相识?然而,正是在这最黑暗的时代,已经有人展望100年后,乐观地预言如果不发生大规模的战争,没有大规模的人口增长,那么经济问题将可能在100年内得到

---

① [德]马蒂亚斯·霍尔茨:《这个世界会好的》,尹婉虹译,吉林出版集团有限责任公司2010年版。

05 救赎：走出个体的"中等收入陷阱"

解决。届时，经济问题将不再是人类的永恒问题。如果经济问题得以解决，闲暇处处存在，他甚至怀疑，这会不会引起普遍的"精神崩溃"呢？[①]这位预言者就是经济学大师凯恩斯。90多年过去了，今天看来，凯恩斯的预言并不全对，但是仍旧比同时代的人对太多。虽然大规模战争爆发，人口也在增加，但是人类还是取得了更大的繁荣成果，多数发达国家的人均收入确实增加了四五倍。经济问题仍旧存在，但是并不以过去的形式存在，我们正在临近凯恩斯所说的解决经济问题的节点，或者硅谷狂热人士所谓的指数增长的"奇点"。

凯恩斯的青少年时期处于19世纪末，那是西方世界的黄金时代。事实上他在一生中目睹了世界的两次毁灭，一次是第一次世界大战，另一次是第二次世界大战。像他这样的思考者，自然会提出20世纪的核心疑问：为什么从19世纪末的和谐、繁荣、优雅、文明中会滋长出20世纪前半叶的暴力、冲突、战争、毁灭？一方面，他能敏锐地感受到时代的进步，比如伦敦居民的生活水平以及舒适程度，在凯恩斯看来超过昔日最有权势的帝王，这就是经济增长的魔力，也是全球化美好的第一阶段。另一方面，他也注意到现实的挑战，目睹了军国主义和帝国主义、种族对抗和文化对抗、垄断限制和排斥等政治学信条的威胁因素，破坏繁荣和平。

这表明了凯恩斯的思想特质，即使他天才般地感受到他的

[①] 可参见凯恩斯的文章《我们后代在经济上的可能前景》（1930年）。

时代所遭遇的挑战，甚至成功地预言了日后悲剧的根源，但他仍旧做出了乐观、自信甚至多少与现实发展相反的判断，这与他在战前的美好经历不无关系——那些田园牧歌对他始终有乡愁般的吸引，也让他对人性始终抱有信心。

值得注意的是，凯恩斯的判断或许过于乐观，但是他仍旧超越同时代的多数人，无论事态如何，乐观地保护着他的纯真与快乐，他对于人类的建议值得被铭记。他认为，人类迈向经济上极乐境界的关键因素主要有四点：对人心的控制力量、避免战争的决心、把理应属于科学领域的事务交给科学来处理的自觉，以及由生产和消费间的差额来决定积累的速度。

经济学大师凯恩斯，目睹过黄金时代的崩溃，尚对世界怀有信心；文豪茨威格（Zweig），即使无所归依，还是可以写出悼亡文字；著名的哲学家、思想家、作家赫尔岑（Herzen），经历过"古拉格"尚可以说道一二，留下苦难的诗篇。如果没有经历过好，也无所谓经历坏，软阶层的软不仅体现在阶层，更体现在处处和人攀比的心态。

借用卡尔·波普尔（Karl Popper）的话说，对历史的乐观主义是一种道德义务，因此我们不应该放弃希望，但更要拒绝廉价的乐观主义。

对于未来，浅薄的乐观主义者往往只看到自己愿意承认的一切，于是，无论是过去的互联网金融、比特币圈、链圈，还是后来的大数据，抑或是当下的人工智能，每一波新技术出现之际，为之呐喊与呼吁站台的声量往往甚高，人类历史在无止境的断言中已经改变了千百万次。理性的乐观主义者应该是如同凯恩斯那样，看到希望，也能预测挑战。

浅薄的乐观与盲目的乐观是人性，但可能是致命的人性。技术并不总是带来解放，人类的命运仍旧是未知数。

在电影《黑客帝国》中，主人公尼奥面对机器占据绝对优势的未来，仍旧艰难选择了真相而不是生活在虚假的无忧无虑中，以救世主的姿态挺身而出，这其实是人性胜过刻板运算的优势，他说："我不知道结局，真的不知道，我只是相信而已。"

未来已经来临，只是多数人后知后觉。在软阶层社会中，人们可能都如同《黑客帝国》中的尼奥，不得不面对十字路口的选择：选择服下红色药丸，就不得不直面残酷的真相；选择服下蓝色药丸，就可以选择享受虚拟的幸福。在某种意义上，蓝色药丸并不能一劳永逸地结束，只是推迟服下红色药丸的结果的到来，最终我们都不得不面对清醒的痛苦。这样的感受，在我们冲破自我认知局限或者走出舒适地带的时候，都会存在。

既然如此，这种阶段无可避免，软阶层的自我救赎是必由之路，也是成熟人生的开始。唯有理解软阶层时代，才能进一步超越软阶层社会。

世界没有一刻消停，当下仍旧是一个有着太多不确定性的时代，软阶层时代需要什么样的心态？理性的乐观主义仍旧是我们拥抱变化的最佳心态，我们应该调整预期，但是这并不意味着彻底悲观。

软阶层社会如何应对断层：功能性社会

彼得·德鲁克被认为是现代管理学之父，但是他更倾向于把自己当作社会生态学家，更关心社会和社区。作为曾经目睹纳粹兴起，逃到美国研究工业社会而开辟新事业的人，德鲁克对于社会的理解不仅在于管理与公司，还在于政治与人。

思想家的思想，其实往往定型于早期。德鲁克早期系统思考的著作，比如《经济人的末日：极权主义的起源》《工业人的未来》《公司的概念》《新社会》，虽然方向不同，但是奠定了他一生思想的底色。尤其是前两本书，简直是社会转折时代政治经济哲学理念的新宣言，绝不仅仅是管理学所能概括的。

德鲁克称《经济人的末日：极权主义的起源》是一本有关政治的书，最早动笔于希特勒（Hitler）掌权前期，英国前首相丘吉尔（Churchill）在 1938 年评价该书为"唯一一本了解并解释两次大战间世界形势的书"。德鲁克指出，经济人社会建立在重商原则之上，希望以经济自由带来社会公平。然而，随着工业化以及第一次世界大战的到来，大众对这一目标，甚至对资本主义失去了信心，这导致了法西斯主义的兴起。他将纳粹主义与极权主义视为全欧洲的疾病，"纳粹德国尤为极端，也最病态"。[①]

[①] ［美］彼得·德鲁克：《经济人的末日：极权主义的起源》，洪世民、赵志恒译，上海译文出版社 2015 年版。

05 救赎：走出个体的"中等收入陷阱"

到了20世纪40年代，德鲁克来到美国，目睹了罗斯福新政的实施，更受到了美国社会的生机和健康思想的冲击。《工业人的未来》在某种意义上延续了《经济人的末日：极权主义的起源》的思考。德鲁克发问："自詹姆斯·瓦特改良蒸汽机以来的大约200年间，整个西方为自己创建起了一个全新的栖息地，在这个丰裕的物质世界里，其秩序是否与旧的社会和政治秩序有什么相同或不同呢？"答案不无讽刺，在战争中，工业不再是附属品，而成了战斗主力。德鲁克从一场因工业社会而开启的战争开始，再次回顾了从19世纪的重商主义社会到20世纪的工业现实，剖析了希特勒主义的挑战与失败，特别梳理了从卢梭（Rousseau）到希特勒的脉络，重新梳理了自由社会与自由政府的发展脉络，重谈回归保守之路。

20世纪50年代，德鲁克出版《功能社会》，他试图回答《工业人的未来》中没有完全回答的问题，那就是既然我们看到，欧洲社区的瓦解导致了极权主义，那么何种制度才能使社区重建？德鲁克的答案是，个体与社会（群体）的互动结合。他认为个人的社会地位和功能等同于群体和个体成员之间的关系。

这些阐述，放在今天难道不是很切题吗？计算机带来的冲击，从经济学角度来说，或许还没有当年铁路与汽车带来的冲击大，但仍旧威力无穷。对比当年工业时代新技术与战争之间的隐性联系，我们是否愿意付出类似的代价？谁说老的智慧不管用？

回到20世纪30年代，面对极权主义的兴起与自由主义的倒退，德鲁克梳理了从卢梭到希特勒的观念路径，指出每一波极权主义都诞生于理性主义，而绝对理性主义其实很容易导向极权主义。

因此，"绝对的平等其实是灾难"。① 德鲁克不是功能主义者，但是他很早就撰写了《功能社会》等著作，强调功能社会与其合法性是未来社会存续的关键。他认为，一个社会可以给予其个体成员社会地位和功能，并且这个社会的决定性权力是合法的——这样的社会，才能被称为功能性社会。在这样的社会中的个体成员，也各有其身份。具有身份的个体不仅是建立社会生活框架的基础，而且通过权力合法性塑造了社会框架的格局，否则这就是"一个仅仅依靠奴隶制度和惯性维系的社会真空"。②

在权势变迁下的中国，功能性社会显然更有价值。这样的社会意味着，当巨变来临的时候，我们并不是一个全然散沙化的组织，否则等待我们的是比经济溃败更严重的社会溃败，原子化的个人没有未来，"如果社会没有赋予个体以身份和功能，那么，社会就不是社会，而是一群社会原子在这个空间里漫无目的地飞舞"。③

---

① ［美］彼得·德鲁克：《工业人的未来》，余向华、张珺译，机械工业出版社2006年版。

② 同上书。

③ ［美］彼得·德鲁克：《功能社会：德鲁克自选集》，慈玉鹏译，机械工业出版社2022年版。

05 救赎：走出个体的"中等收入陷阱"

德鲁克不仅开创了管理学，而且预言了知识经济的到来，更重要的是他看到了社会在经济、政治、战争冲击下的长时段变迁。他的深邃，在很大程度上源自他对宏大叙事的洞察能力或者说格局感，这恰恰是当下的年轻人最缺乏的。今日的问题，很可能也与我们过去的教育有关。以色列历史学家《人类简史》的作者尤瓦尔·赫拉利谈到西方自由主义在这几十年的教育中存在的一个问题，那就是因为对于极权主义等的恐惧，回避宏大叙事，学校都只是教授学生知识，让学生自己去思考。[1] 不过，这一结果很可能导致学生对现实变迁缺乏感受力与解释力。保守派的理念梳理起来，都极其平实理性，缺乏情感感召力，倒是激进派提供的叙事，往往具备世界视野，宏大而自带道德光环。以此而论，回避宏大叙事，确有道理，但这也给社会留下了更多困惑和空白。

保守主义者回避宏大叙事，可惜，这是一个宏大叙事不容回避的时代。民意、民智或者说民粹主义兴起，不仅迫使人们反思平权主义到底应该走到哪一步，从政治平等、机会平等到经济平等，也让人们意识到如果不对阶层问题做出响应，那么民间反弹将会越来越大。

这也是今天软阶层尤其应该思考的问题，每个个体都难以回避。在软阶层时代，多数人主要活在"二手时间"中，如果

---

[1] ［以色列］尤瓦尔·赫拉利：《今日简史：人类命运大议题》，林俊宏译，中信出版集团2018年版。

社会巨浪真的要来，就算我们不能摆脱必然的结局，也可以对自己的命运多些理解。

软阶层个体策略：投资于生存力

"一切固定的东西都烟消云散了，一切神圣的东西都被亵渎了。"马克思在《共产党宣言》中如是说，这是工业时代的宿命，却和当下时代不无对应共鸣。有意思的是，这个著名的唯物主义者，却对女儿劳拉说自己的格言是"怀疑一切"[1]，这一格言来自最主要的唯心主义者笛卡尔（Descartes）。

笛卡尔的"我思故我在"，在软阶层时代也有其存在土壤。人是脆弱的生物，却一直在进化，其原因就在于思考。越是大争之世，越需要冷静思考。但当时代大潮改变方向，多数人还不愿上岸，而是继续奋力滑向错误的方向。对于企业和个人而言，最好要有"过冬"的准备。每个人都要活下去，所以大家要学会软阶层的新生存技巧。聪明人已经先知先觉，普通人也许是后知后觉，但起码要做到避免无知无觉。每个时代都不缺乏糊涂人，但在软阶层时代明白人才能避免更大的潜在风险。

---

[1] ［英］戴维·麦克莱伦：《马克思传》（第4版），王珍译，中国人民大学出版社2016年版。

05 救赎：走出个体的"中等收入陷阱"

冗余信息越多，有用的知识就越有价值。如何理解我们的时代，也正是如何走出困境的起点。

启蒙：软阶层应重新发现自我

1784 年，康德（Kant）如此定义"启蒙"——启蒙是指人类从自己加于自己的不成熟状态中解脱出来。在他看来，这需要克服懒惰和怯懦，勇于运用自己的理智。在当下，知识分子已经告别了舆论中心，启蒙的功能更多在于引导个体化的努力，自我启蒙与自我教育，成为现代人的基本技能。

人类的启蒙主义，在加拿大作家史蒂芬·平克笔下成为人类英雄史诗的一部分。在保守主义者看来，平克代表了进步主义浅薄的乐观，但平克有一点是正确的，即知识好过迷信与无知。

在信息过载的今天，重申古老常识并不是老生常谈。经济学家哈耶克认为，理念需要在不断重新讲解中获得生命力，如果要让旧的真理保留在人们的大脑中，就必须在后代人的语言和观念中不断加以重申。

2019 年是巴黎和会 100 周年，也是中国五四运动 100 周年，相关的讨论却较少。即使有人还记得德先生（民主）与赛先生（科学）的简化叙事，也无力提及这一叙事背后其实掩盖了自由与秩序。20 世纪 80 年代，思想家李泽厚提出的"五四时期是救亡压倒启蒙"的论断，今天也许并未过时，但是即使是李泽厚这个名字，对普通网民来说也已经陌生了。可见，观念的迭代总是充满着时间差，也许100年改变不了什么，也许一代人的时间就足以解构很多。

在集体焦虑之下，各种人生指导、逆袭指南应运而生。这其实是心理按摩，而自我启蒙恐怕首先得从放弃心理按摩开始，这是直面现实的第一步。真正的知识是什么？在物理学家爱因斯坦看来，人类精神越是向前进化，就越可以肯定地说，"通向真正的宗教感情的道路，不是对生和死的恐惧，也不是盲目信仰，而是对理性知识的追求"。

关于未来，未来任何一年都可能是过去10年中最坏的一年，不过有些读者就很机智，认为要满怀期待，因为也有可能这是未来10年中最好的一年。自然，这是一个冷笑话，意味着大环境非常艰难。

我刚提出"软阶层"概念的时候，也有人质疑这是在贩卖焦虑。其实，我提出"软阶层"概念，恰恰是让大家不要有无谓的焦虑。

所谓焦虑，往往由两点导致：求不得与看不清。这两者其实互为因果。因为看不清，所以目标往往不正确，结果往往导致求不得，进而因为求不得而心态不好，导致更加看不清楚形势。

鼓励成功代表着我们这一时代的野心，曾经润泽了我们的物质欲望。大家都习惯了成王败寇的思维，一两代人目睹了阶层以火箭般的速度变迁，但是随着时代变化，当阶层上移甚至阶层保持成为难事的时候，鼓吹成功其实也是对失败的不宽容，成功并非必然，将努力与成功挂钩的背后其实是集体谴责失败者。

如果明白了大时代在发生变化，仍然梦想逆袭，那么很可能不仅会焦虑，而且会继续上缴"智商税"。所以，我们在变革时代需要做明白人，哪怕身在软阶层。

如何在软阶层社会中生存？首先，理解软阶层社会；其次，认识软阶层社会；最后，超越软阶层社会。怎么做？我的建议是13个字：承认现实，降低预期，不放弃希望。

时代格局：中年社会到来

随着未来软阶层大量涌现，给社会暗中带来的改变将相当深刻。对个体而言，软阶层时代意味着什么？一言以蔽之——中年社会的到来。

在过去，机会比较多，属于青年社会。很多人的职业生涯从一起步就走上快车道，不断扩张的机会使不同时代的年轻人几乎在三十岁前就可能拥有海外同辈几乎在四五十岁才有可能拥有的头衔与位置。这十多年来，我们看到过"70后"的主编、"80后"的基金经理，以及如今"90后"的"独角兽"创业者，更不用说还有各类月入数万元的助理。

然而，中国社会很快会告别暴富时代，进入平稳增长时期，这必然意味着机遇空间越来越小。对不少习惯于职业发展走快车道的年轻人来说，他们过去的资历和薪酬更多来自机遇而不是个人能力。一旦全球大形势不好，他们面临的就是升迁无望、薪酬缩水甚至是失业隐忧，这和当年捧着"铁饭碗"享受体制内待遇的国企工人遭遇下岗的处境，在本质上是类似的。

在软阶层社会，其实需要一个心理调适的过程。这个过程刚刚开始，很多人还不习惯。例如有人表示，自己26岁就是公司合伙人，不仅年入百万元，而且股权在手，这导致他在经济不好的情况下还是继续创业，就是为了保持"某某总"的头衔不变。然而，这一情况可能不会长久，就像人告别精神勃发的青年期，开始进入文人所感叹的"生死不堪"的中年。大家都说油腻中年，其实连"90后""00后"在社会重压之下，也很快呈现中年化趋势。

软阶层社会有好的方面，也有不好的方面。不好的方面包括阶层固化、流动性降低，好的方面包括总体秩序更为规范、未来预期更确定。换言之，今天你的邻居发财机会多，你眼红，但觉得自己可能也有机会，未来你的邻居发财机会变少了，你可能心态也就平和一点了。

值得注意的是，阶层化是人类社会常态，不均等也是常态。回顾我们习以为常的中产阶层社会模式，其实它并不是从古至今的规律，相对平等的中产阶层社会其实只是从第二次世界大战之后流行开来的，阶层社会并不意味着必然的弱肉强食，它只是社会进入饱和增长阶段的常态，强行将1%的富人与99%的大众对立的社会更为可怕。对国民来说，习惯了高起高落的阶段之后，在软阶层时代重新调整预期与策略非常重要。

时代在改变，财富的玩法也在发生变化，过去比胆大的游戏已经过时了。我曾分享过三个大判断：第一，金融利润来自实体经济利润。因为实体利润变薄了，所以要求我们降低收益预期，改变主要策略。第二，投机利润来自零和游戏中的技高一筹。按照定义，这几乎不可能。第三，如何维护未来的财务安全？管理你的风险，善用专业人士的帮助。不要小看这些话，随着时间的推移，这些话的价值会越来越大，节点到来之前，知识就是财富。

在社会中年化的时候，每个人都面临着中年大考。人到中年，才是最考验品格的时候。有人沉沦下流，有人醉心富贵，也有人凭借一口不平之气逆流而上。

这里的不平之气，并非匹夫之气。人生如此，社会也是。其实纵观历史，关键性的抉择点就那么一些，人生也是。多数人总以为节点只在大学毕业、就业、结婚等时刻，其实中年也是一个节点。

只是多数人在过去的节点无非随大流，而到了中年涌现的节点时刻，他们早已经放弃自己了，看不到节点也失去了决断能力。有朋友说遇到节点真的需要极大的勇气，但前提是你要有足够的知识去识别节点——是的，就是知识，不是别的，虽然未必是书本知识。

进入软阶层时代是大势所趋，社会应该做好准备；但是与此同时，任何趋势的概率是针对群体，每个个体的人生故事则属于自身。理解软阶层，也是我们突破大多数人生脚本的开始。

节点背后，暗涌的却是平日的德行与修为。就个人而言，应该如何做？赫拉利提出三点个人改进意见：教育需要改变、重新寻找意义和重新认识自己。我认为最重要的是改变我们定义事物的方式，无论是教育还是意义，甚至是自我，这些其实都在随着时间被悄然颠覆。

软阶层时代的特征在于重新定义一切，无论是自我还是成功，人生还是世界。时代的成败也被重新定义，过去的单一标准发生变化。正因为在软阶层时代，顺风顺水的潮流成为过去，一夜暴富的可能性在降低，每个人奋力奔跑的道路终点不再都是固有的千篇一律的财务自由。当沸腾降温，时代失去点石成金的魅力之后，开放性的结果来临。

在机遇弱化的时代，个体机遇开始分化，成功不再是随波逐流的结果，个体的选择才愈加凸显自由的含义，成为更好的自己将是最好的投资目标，这也是最值得下注的。在软阶层时代，对多数人而言，意识到财富、成功不再是唯一的目标，人生更为丰富的意义才可能得到真正的拓展，唯有完善自我的潜能才意味着更多可能性。即使是亿万富翁"股神"巴菲特，2017年在美国《福布斯》杂志采访中也强调了投资自己的重要性超过所有其他投资，因为没有人能够夺走你的内在，而每个人都有自己尚未使用的潜力，这种投资"不能被打败"，也不能被收税，哪怕是通

05 救赎：走出个体的"中等收入陷阱"

胀也不能夺走它们。①

如果你不具备这样的勇气去实现自身的潜力，过去取得的成功即使再大，那也只是时代给予你的一切，但时代也能夺走它给予你的一切，所以唯有真正看明白了软阶层时代的逻辑，我们的命运才可以得到解放。否则，即使你拥有一家公司，掌管部门大权，坐拥高薪，你的位置也仍旧摇摇欲坠，你仍旧是软阶层大军中的一员。

习惯变局，软阶层应接受慢下来

关于经济，有人调侃说每一年都被经济学家说成最困难的一年。比如有人认为 2019 年是过去 10 年中最差的一年，也有人认为这同时也是未来 10 年中最好的一年。习近平总书记在 2018 年庆祝改革开放 40 周年大会上的主题发言定调，"改革开放每一步都不是轻而易举的，未来必定会面临这样那样的风险挑战，甚至会遇到难以想象的惊涛骇浪"。② 随后举行的中央经济工作会议指出，"世界面临百年未有之大变局"。

小时候读杂文家柏杨的书，看到他批评中国人的慢性子，

---

① Bronm Abram. *100 Quobes On Business From The 100 Greatest Living Business Mirds*. https://www.forbes.com/100-greatest-business-minds/person/warren-buffett, 2017.
② 《习近平在庆祝改革开放 40 周年大会上的讲话》，载《人民日报》2018 年 12 月 19 日，第 2 版。

每一代人都叮嘱下一代说"中国的未来就看你们这一代了"。他总结道:"一代复一代,一代何其多?到哪一代才能真正好起来?"当时读到此处,觉得非常有道理,成年之后重新审视这句话,发现它其实暴露了中国人希望"毕其功于一役"的特点,这往往使激进压倒渐进。

如果将中国社会转型看成长达数百年的"穿过历史的三峡",那么我们的道路就还在中途。一代人做一代人的事并无问题,每一年完成每一年的计划,这才是常识,也是社会发展的正常化。一两代人之间发生剧烈转型,往往会留下一些隐患。

经济也是一样。经济烈火烹油之时,也就是加速折旧的时代。风口、趋势、赛道、迭代不仅是各类投资机构的话术,也是普通人热衷的流行词。在经济高速增长的中国,一切都习惯"快",无论是资本还是用户都怕来不及,唯恐慢了半步就被时代抛弃,力争上游是集体心态。于是,提前跑步入场成为人生常态,儿童提前进入成年人的世界,青年人提前进行中年生活安排,而过了35岁,不少人考虑最多的是退休与养生。

这样的速度,其结果真的很美好吗?软阶层时代的中国经济,如果从此慢下来,未尝没有好的一面。繁华时代追求速度,反而可能导致诸多结构扭曲,透支未来支撑当下,既谈不上高效也谈不上公平。慢下来的经济,一方面,需要为此前的账单付费;另一方面,在高速增长时期被掩盖的问题,此刻也不得不被正视,慢下来也可以成为整顿和重启的契机。

如果经济减速持续,那么这未尝不是一次调整的机会,而不应再次强行扭转趋势。就政策而言，当下更值得关注的是，如何不浪费这一次难得的调整机会。

对面临来自职业、财富与家庭的压力的广大软阶层而言，未来是阶层下移的软阶层社会展露面容的开始。如果我们真正相信时间的价值，那么更不应该过于功利地臆想抢跑与逆袭，而更应该关注如何从自己做起，营造一个更加透明的竞争环境，更应该相信的是自我改变的可能性。

从长远来看，一切最终都是公平的，这就像美国投资家查理·芒格（Charlie Munger）所说，"想要得到你想要的某样东西，最可靠的办法是你自己配得上它"。毕竟，我们和历史、社会，乃至和自我的关系，最终大体上都是彼此登对的。

突破瓶颈：从"二手时间"发现"二手人生"

从工业社会转向后工业社会，过去的工作经验不再足够应付一生；在迭代加速的中国社会，变化与风险将一直伴随着软阶层。

我的朋友维舟表示，在软阶层时代我们面临的风险多了，不能像以前那样安稳地靠一门手艺吃一辈子，而且这个风险有时可能来得莫名其妙，比如工作忽然被外包了，或被 AI 取代了。

如何应对变化与风险？当习惯宏大叙事的人们失去往昔作为生活支撑的神话，他们往往会感觉无所适从，要么陷入对往昔的回忆,要么就去寻找新的意义。

一个案例是苏联解体,昔日的思想真空被无处不在的自由填满之后,大家的感受未必那么美好,因为大家习惯为自由牺牲,却从来不曾真切理解自由。诺贝尔文学奖得主 S. A. 阿列克谢耶维奇(S. A. Alexievich)将其称为"二手时间",新时代带来了新的信仰与希望,也滋生了迷茫、恐惧与不满,有的人不能走出"二手时间"。

另一个案例是日本。第二次世界大战后,日本万众一心发展经济,在战争的废墟中成为世界第二大经济体,风头之盛以至于 20 世纪 80 年代甚至被认为是"日本第一"的时代。20 世纪 80 年代,日本经济学家津上俊哉在著名的日本通产省(日本经济产业省的前身)工作。很多中国人都会问他日本当时的状况,他回忆当时日本工业之强,"钢铁、家电、汽车、半导体……一个一个直逼欧美的同行",以至于他所在的通产省最主要的行政工作,就是管理对欧美各国的出口,实施对出口的自主管制。

随后的故事大家也很熟悉,在经济泡沫破灭后,日本进入"失去的时代",这时候日本人如何适应这些变化?在过去,日本的目标是追赶欧美国家,这可谓亿万日本国民的"国家目标",在 20 世纪七八十年代逐渐超英赶美之后,日本国民不再只追求经济,国家也不再实施由国家主导的产业政策。今天的日本经济虽然不如往昔,但是日本国民在放弃追赶的单一目标后,有了多样化的目标,社会选择也更为丰富,从"干物女"到"草食男",

05 救赎：走出个体的"中等收入陷阱"

从"断舍离"到"小确幸"和"乐活族"，从"第4消费时代"到"低欲望社会"，我们看到的这些都是这种观念的支流。津上俊哉总结这些变化说，作为人的心理和国家的发展轨迹，这是很自然的发展趋势。

同样是从国家主导的目标中解脱出来，日本社会和俄罗斯社会提供了不同的方向，虽然都有不同程度的痛苦，但是显然日本社会的幸福感更高，没有沉湎于过去的"二手时间"。即使在欧美，如往昔中产阶层一辈子做一份工作的情况在如今也不多了。在 2017 年，英国《金融时报》专栏作家露西·凯拉韦（Lucy Kellaway）离开了该报。露西·凯拉韦的专栏非常成功，但在为《金融时报》工作 32 年之后，接近 60 岁的露西还是认为是时候踏上一段新的旅程了。

那么，她的下一站是什么？不是更华丽的职业晋升，但却更有趣。她转身成为一家慈善机构的实习教师，工作职责是教中学生数学。当她告诉她在《金融时报》的同事、专栏作家吉迪恩·拉赫曼（Gideon Rachman）时，对方就表示不理解："你放弃一份你很擅长、薪水不错、为你带来赞赏、非常自由、光鲜体面而且非常灵活的工作，换一份待遇较差、难度较高、不自由、不光鲜、压力非常大而且你可能非常不擅长的工作。是我有什么没有考虑到吗？"

不是所有人都能理解露西·凯拉韦的选择，但是也有更多人理解并且加入了她的队伍。她与其他人共同创办了这家慈善机构，目标就是培训像他们这样资深的伦敦专业人士——无论过去是律所合伙人还是投资银行家，无论是来自麦肯锡还是高盛，让这些聪明人接受培训后去中小学担任教学工作，据说一开始就有超过1000人申请。

看完俄罗斯、日本与欧美的案例，大家应该了解到，软阶层社会中，并非不存在出路，也有改变的可能性。对中国软阶层而言，对比过去，整体阶层跃升图景或会晦暗，阶层下滑的风险或在加大。那么，软阶层个体如何自救，避免陷入"二手时间"呢？

当经济大潮退去，成功的概率也在降低，依靠成功奖励奋斗的单线程人生模式显得过时，这时唯成功论的庸俗思想就不能为新的人生阶段提供更好的支撑，我们需要成功之外的人生目标支撑。

未来目标应该多元化，不应该只放在赶超或者暴富上，不应该将未来仅仅押注在当前的事业上，而应减少对当前职业的投入，加大对其他领域的投入，无论是生活还是兴趣抑或是家庭。换言之，我们需要有对冲风险的准备，无论是技能准备、心理准备，还是财务准备和精神准备，这样才不至于在风险来临时手足无措。

除了对冲，我更主张大家在"二手时间"中挖掘自己的"二手人生"。没有含着金钥匙出生的软阶层的"二手人生"，就是横向发展，而不是过去的纵向发展。

"二手人生"的要点在于学会再定位，拓展社会网络。

05 救赎：走出个体的"中等收入陷阱"

最为直接的方式，就是发展各种主业之外的兴趣，甚至可以使其成为一种主业。我的朋友维舟的资深书评人的身份已为人所知，但他还有一个更主要的身份——一名成功的广告人。他告诉我一个案例，他有一个做销售的同事，开了一家儿童游泳馆，聚会时她说自己"不务正业"，结果另一个同事说："你这个才是'正业'，应该说我们都在找自己的'正业'。"

是的，这是一个越来越多的人通过副业重新寻找正业的时代，唯有如此，才有可能在软阶层时代，重新启动自身的"二手人生"。小趋势的变化，其实早有痕迹。比如，做顺风车兼职很普遍，一些有名校背景、行业光鲜的朋友也在朋友圈兜售减肥产品或者保险产品。看到这些你就知道，变化已经开始了。不过请注意，"二手人生"不等于"斜杠人生"，并不是发展兴趣、寻找兼职那么简单。

我们过去总说"3 岁看大"，基本上 30 岁前就可以看出全部人生，在多数路径中未来好像早已确定。中产阶层过去是以职业定义的，过去一辈子从事一个职业很普遍。但是今天这种情况越来越少。经济大潮之下，很多公司和行业都在消失，甚至是在以远快于之前的速度消失。另外，有研究指出，大脑完全成熟的年龄，其实超出了青春期的范围。我们多数人，在中年之后都面临人生的再定位。开启"二手人生"，越来越成为自我管理的新技能。

很重要的一点是，我们应该学会拓展自身的社会网络。为什么要强调社会网络？这涉及一个时代变化，那就是"二手时间"出现的一个重要背景：经济增长速度降低，收入分配差距加大。这并非一时变迁，而是与历史变迁息息相关。

从全球历史的角度来看，事实的真相是什么？收入的分配规律，随历史阶段的不同而不同，如前面章节所言，大体可以分三个历史阶段：工业革命时代、工业时代与后工业时代。

简单回顾一下要点。工业革命时代，收入按照物质资本分配，物质资本多的人获利多，强盗大亨横行，社会分配极度不公。工业时代，物质资本变得富余，投资回报率降低，收入更多按照人力资本来分配，其结果是从20世纪20年代的经济大萧条时代开始直到20世纪80年代，收入不平等状况在发达国家大幅好转。最近40年来，欧美不平等状况的恶化，主要是经济发展进入后工业时代的产物。在后工业时代，对收入影响最大的是什么？答案可能出乎你的意料，并不是人力资本。在这个时代，收入不完全取决于物质资本与人力资本，社会资本扮演的角色越来越重要，而每个人的社会资本都不一样，呈现幂律分布。这意味着，少数具有丰厚社会资本的个人得到极高的回报，例如，Facebook创始人扎克伯格创造了成为世界首富用时最少的纪录。这个时代，不均等的社会资本分配，决定了不均等的收入分配。

而在中国，大致从2016年开始，人力资本均等化的速度就开始降低或者接近0，富人与穷人在人力资本上的差距大致维

05 救赎：走出个体的"中等收入陷阱"

持在原有水平上。而在知识经济崛起之后，人力资本的网络效应开始大幅上升。在知识经济时代，一个人拥有的社会网络对他的收入的影响，远大于在工业时代。而个人拥有的社会网络规模呈现极大的不均衡，如此，这一因素导致收入分配的差距加大。可以说，知识经济时代的变化，造就了新的阶层壁垒。正是在这种背景下，我们进入软阶层时代。

在软阶层时代，拓展你的兴趣和社交网络，比起单纯依赖职业，对你在未来潜力的开发益处更大。

我的一个朋友在一所著名高校担任教师，教授传媒方面的课程，他经常"吐槽"大学教师收入一般。不过他在社会上有些名气，这主要来自他在公共领域的发声。随着名气的累积，如今他开始涉足对各类新媒体的投资。过去，一般在这样的情况下，当事人往往会转换赛道，全力以赴做投资生意。但是，他没有放弃他的传媒研究，还继续对热点事件进行发声。

他关于媒体的经验和知识，放在学术上，和放在公共空间以及投资领域，其实有不同的用处，回报也完全不一样。原因是什么？可以说，人还是同样的人，不过将同样的人力资本，放在三个不同领域，因为网络效应不同，所以回报完全不同。值得注意的是，如果单纯将人力资本放在某个领域，其效用远远不如同时涉足三个领域。为什么呢？因为他如果同时涉足三者，使自身站在媒体、学界以及投资界三个网络交互的点上，就具有了其他人无法企及的优势。可以说，他填补了社会网络的空隙，卡住了位，这就是结构洞。

当然，能做到这一点的人可能很少，大部分人还是按部就班地工作、生活，但这至少鼓励人们做出灵活应对。比如家庭的不同成员，至少不是在同一家公司或者同一个行业，也可以对冲不确定性，分散风险。我们都知道，成人的世界中没有"容易"两个字。

可见，对广大软阶层而言，关注"二手人生"是必要的功课。中国软阶层规模扩大的原因，一方面在于中国中产阶层形成的时间太短，根基不稳；另一方面在于未来经济可能存在的下行压力，阶层上移的趋势将大为放缓。

软与硬相对，软阶层出现意味着什么？既是无力、焦虑，也是重启与救赎。在软阶层时代，脆弱的软阶层个体更应该携手互助，形成新的共同体，而不是没有底线地彼此逐底竞争。

教育不一定改变命运，知识可以

即使大环境不好，其实也有各种机遇，大的风口没有了，也有小的趋势。但切记，不要像过去那样，过于贪婪。总有读者问，有什么赚钱的方向？这种想法是好的，只是很难实现。忘掉赚大钱，好好思考如何抵御风险，否则一定会交"智商税"。所以就像大家开玩笑说知识付费——谈知识，来的人很少；谈赚钱，来的人很多。

05 救赎：走出个体的"中等收入陷阱"

在历史上类似的时刻，大家在做什么？比较理性的建议之一，就是看看2008年国际金融危机时那些人在做什么，经济大萧条中的人又如何自保。没工作，职业前景不好，创业也难，很多人就选择"充电"。读书，虽然被很多打着"干货满满"等旗号的商家盗用，但说到底还是第一等好事。

以一位投资人为例。2018年，她在知识星球App（应用程序）上看到大家的反馈，于是在股票市场只看指数变化不操作，更关注汇市和主要货币的汇率走势，不关注房市及政策变化，开始更关心现金流。她复盘了一下自己的2018年，发现自己的焦虑不少，但也有成绩。增加阅读，加入书法协会，报考了税务师资格考试，用她的话说，"在没有市场鼓动心绪的情况下阅读量大大增加，教育是最好的投资，外围的冷峻、恶劣反而造就了静心阅读的好气氛，从阅读质量到阅读速度都有了质的飞跃，明显感觉自己的思路条理性、逻辑性比以前强了，随着积累，阅读的深度还待挖掘"。

教育是最好的投资，过去确实是这样的。不过，在软阶层时代，传统教育越来越无法改变命运，但是知识还有可能。因为教育不等于知识，学习变化时代的知识，很重要的是对现实格局的把握感和方向性，在这方面，很多人基本不合格。对软阶层来说，读书更要趁早。更不用说，教育给你的最关键的是学习能力，不是真的让你拿着你学到的东西去市场上卖。

个体的最佳策略：反脆弱

软阶层或许意味着无力，但也意味着柔韧，一旦我们认识到时代的全貌与自我的定位，意识到个体虽然渺小，但也可以拥有任何组织与时代都无法夺走的内在，就会懂得柔韧也暗含着力量。因此，在变化的时代，我们更应该铭记不变的事物。顺应或者对抗软阶层时代，另一个概念也应该被强调：反脆弱。[1]

这一概念来自怪才纳西姆·尼古拉斯·塔勒布（Nassim Nicholas Taleb），他将事物分为三元结构：脆弱类（fragile）、强韧类（robust）、反脆弱类（antifragile）。不要从字面来理解这三类事物，强韧并不意味着最佳，脆弱的对立面往往不是强韧，而是反脆弱，也就是能够从冲击中受益。

这三类事物的区分在于适应的环境不同，"脆弱的事物喜欢安宁的环境，反脆弱的事物则在混乱中成长，强韧的事物不太在意环境"[2]。因此，当事物暴露在波动、随机的不确定性环境中，反脆弱往往意味着更容易从变动中获得有利结果。

作为畅销书《黑天鹅：如何应对不可预知的未来》的作者，同时作为一个概率论与哲学方面的高手，塔勒布在2008年金融

---

[1] ［美］纳西姆·尼古拉斯·塔勒布：《反脆弱：从不确定性中获益》，雨珂译，中信出版集团2014年版。

[2] 同上书。

05 救赎：走出个体的"中等收入陷阱"

危机之后变得炙手可热，他在书中提醒我们，生活在一个充满随机事件的"黑天鹅"世界之中，理性的有限以及经验的宝贵。他的观点也比较适合用尼采的一句话来总结，"杀不死你的，使你更强大"。

从某种意义上来说，反脆弱意味着对未知以及传统的某种承认，这就不可避免地带有某种保守主义倾向，甚至是对理性概念的些微抵触。互联网时代，似乎很流行动辄预言某类事物的消失，塔勒布的标准有所不同，他认为如果一类事物已经存在25年以上，那么它就极有可能比预言者活得更为长久。一个典型例子是实体书，当下主流意见认为电子阅读器即将取代实体书，但是按照反脆弱的三元分类，电子阅读器可能属于脆弱类，实体书属于强韧类，而更具有反脆弱性的则是口述传统。又如知识，学术知识属于脆弱类，专业知识以及技能属于强韧类，具有反脆弱性的则是博学。

反脆弱的思想可以被提炼成一个核心问题，那就是可以从一切波动性中获得收益，而脆弱性就是波动性和不确定性带来的损失。在软阶层时代，我们要利用反脆弱性与随机性来使我们更强大，就像蜡烛利用风一样，"风会熄灭蜡烛，却能使火越烧越旺……你要成为火，渴望得到风的吹拂"[1]。

---

[1] ［美］纳西姆·尼古拉斯·塔勒布：《反脆弱：从不确定性中获益》，雨珂译，中信出版集团2014年版。

采取行动：走出信息"茧房"

历史学家蒂莫西·斯奈德（Timothy Snyder）和学者托尼·朱特（Tony Judt）进行过一场精彩的生命对话。[1] 他们曾经给出20条非常关键的政策性建议[2]，在此将其作为本章结尾送给各位。

1. 不要提前投降
2. 捍卫制度
3. 保持职业操守
4. 警惕政治术语
5. 对极端事件保持冷静
6. 尊重阅读
7. 挺身而出
8. 相信事实真相
9. 调查
10. 社交活动
11. 沟通
12. 付诸行动
13. 行使投票权
14. 捐款
15. 保护个人隐私
16. 学习别国的经验
17. 警惕准军事组织
18. 抗拒非正义的命令
19. 保有勇气
20. 留下榜样

---

[1] ［美］托尼·朱特、蒂莫西·斯奈德：《思虑20世纪：托尼·朱特思想自传》，苏光恩译，中信出版集团2016年版。

[2] Timothy Snyder, *20-point guide to Defending Democracy*, http://bedfbrdvademocrats.org/20-point-guide-to-deffending-deniocracy.

05 救赎：走出个体的"中等收入陷阱"

这"20条建议"要都做到并不容易，但是择一二实践，也有改进的可能。这些建议其实都谈到了认知与信息。比起收入和社会地位不平等，更值得恐惧的是隐性的认知不平等。

有形资产的不平等是显性的，无形资产的不平等是隐性的。信息影响认知，而认知又强化外部行为，最终导致不平等进一步强化。路透社新闻学研究所近年的一份报告显示，当社会从相对单一的线下媒体环境转变为更多元的线上媒体环境，新闻消费也显示出了阶层性，其不平等可能更甚于社会差距。[①] 根据英国28家线下新闻媒体的32个线上新闻平台的数据，研究人员发现线下、线上新闻消费行为存在不平衡。线上新闻比线下新闻更加不平等，其差距甚至大于英国的收入差距。换言之，媒体多样性可能使信息富人更富，信息穷人更穷。

至于在中国，在机构媒体的困境之下，平台信息分发机制进一步强化了这种信息的不对称性。曾经有平台声称其日均活跃用户数量达2.4亿人，这类媒体的信息质量与社会影响力等姑且不论，更关键的是，算法推荐虽然有效率，但也有偏见，这会使人群往往陷入所谓的"信息茧房"(information cocoons)之中。这一概念来自哈佛大学法学院教授、奥巴马（Obama）总统的法律顾问凯斯·R.桑斯坦（Cass R. Sunstein）。他表示，

---

① kalogeropoulos Antonis, Nielsen Rasmus kleis, *Social Inequalities in News Consumption*. https://reutersinstitute.politics.ox.ac.uk/our-research/social-inequalities-news-consumption.

在信息乌托邦（Infotopia）中，公众在信息传播中只满足于自身选择认同，甚至局限于使自己感到愉悦的领域，导致封闭，犹如虫蛹桎梏于蚕茧一般的"茧房"，导致非理性的偏激与过度自信甚至极端主义。[1]

对软阶层而言，安于现状看起来也许温暖甚至安逸，但是这一处境却难以持久，信息的鸿沟会带来认知的鸿沟，而认知的鸿沟最终会强化收入与地位的差距，久而久之，软阶层在竞争中的处境会更为不妙。比起无知，更可怕的是不知道自己的无知，刷新认知与走出信息"茧房"是软阶层未来难以回避的选择，过程虽然痛苦，却是走出软阶层的必由之路。

如前所述，从理论上来说，软阶层社会投射到个人，其实就是个人的"中等收入陷阱"。当然，在国家层面，对于中等收入陷阱是否存在，学术界其实有不同的看法。但与此同时，我们确实看到，不少国家在进入中等收入状态之后，如果不能顺利地进行经济增长方式转型，会面临增长停滞、收入下滑以及社会腐败等问题。

进入中等收入状态之前，国家不进则退，个体也是类似的，中等收入陷阱状态意味着速度的放缓。回到软阶层时代，这意味着，个体发展到一定程度，其实就到了一个关键阶段，难以

---

[1] ［美］凯斯·R.桑斯坦：《信息乌托邦：众人如何生产知识》，毕竞悦译，法律出版社2008年版。

05 救赎：走出个体的"中等收入陷阱"

保持以往的增速。一个社会，要走出中等收入陷阱，其实需要直面转型与改革，让经济体习惯慢下来的增速。而一个阶层或者一个个体，如果要走出其中等收入陷阱，除了需要直面问题，更需要解决问题的勇气与策略。

结　语

理解软阶层，跨越软阶层

在软阶层时代，希望在哪里？每一朵乌云的背后，总有希望的金边，任何变化中，永远存在向上的阶梯。个人能够给予自身的最好礼物，就是从改变思维定式开始，成就更好的自己，超越阶层和时代的局限。

理解软阶层，是为了更好地超越软阶层。我们应该怎么做？首先，要务实地面对软阶层时代，更新自己对社会的认知。理解软阶层，会自然降低预期，同时，个人更加开放性地顺应趋势。其次，我们应该保持自己的品格，即使面临压力，也决不轻易妥协与投降，决不轻易放弃勇气与抓住节点的智慧。最后，保持投资自我。面对变化，我们应该学习反脆弱的特性，让变动或者不确定性成为你的朋友而不是敌人。借此，刷新认知，超越软阶层局限。

我写作本书，绝不是迎合舆论，制造焦虑。相反，我是希望大家不要继续焦虑。有一次，我和罗辑思维的创始人罗振宇聊到焦虑这个词。他反问我："我们这个时代，还需要人为制造焦虑吗？"我觉得这句话有道理。我曾经说，正因为我们在一个焦虑无处不在的时代，所以我们更不应该慌张。对抗焦虑的力量，就来自对于趋势的理解，把它看明白，就是我们的镇心石。

要看明白，诚实是第一步。在本书结尾，聊聊一个朋友吧。放心，这不是编段子。他是某头部企业的管理层。就他能够到达这个层次而言，他的背景（包括专业背景）不能算很强大。他曾经对我说，绝大多数人，即使还算优秀，起点就注定了常规走不到第一流，如果非要进入第一流，一定要学会弯道超车；走和别人一样的路，那么注定是二三流。

他有什么逆袭的招数吗？观察下来，真没有那些传统的套路。我印象最深刻的一点，反而是他的坦诚，不仅在生活中如此，即使在朋友圈也是如此。其实，你认真想想，这不是特例，往往越在市场中成功的人，越趋向于诚实。曾经，我问这位朋友："你的坦诚，没给你添麻烦吗？"他说："到目前没有。"他解释，自己这样做符合天性，甚至有好处。为什么呢？他认为，如果他坦白自己的想法，听到的人，不理解就算了；理解的人，就可以更加认同他，在理解之后来接触他。这其实对于找到对的人，也有帮助。

相信你身边也有类似的人和事，我们可以看到，诚实，对于人生而言，其实是最好的策略。首先，可以找到志同道合的合作伙伴。其次，诚实不仅对他人，更对自己有好处。比如，

结　语

你身边肯定有这样的人，他们有些才华，曾经很出风头，希望一夜逆袭，但现在混得越来越不好。这种人不成功的一个主要原因，不是不努力，而是太着急，往往会到达自欺欺人的地步。诚实意味着得到不应该得到的成功，并不一定会高兴，比如写了一篇漏洞百出的文章，即使侥幸广泛传播得到表扬，如果诚实，内心不会庆幸，而应该会觉得很难受。自尊，有价格，但是也抬高了自己的底线，巩固了自己的安全边界。

对普通的软阶层而言，成功是什么？每天起来照镜子，或者睡觉前洗脸，至少要做到，镜子里的人每天都有点进步，做了点让自己和家人自豪的事，哪怕是一件小事、一句话也好。每天有点小进步，这就是最大的成功。坦诚、自由、自尊，这是走出软阶层的阶梯。

虽然所谓软阶层的软，意味着无法掌控自己的人生，但人的自由，其实就体现在不断拓展选择边界。软阶层要突破，其实就是给予人生更多可能性。怎么解决，我在本书前面也谈过，那就是过好你的"二手人生"。

回头思考，再看"二手人生"，是在人生下半场横向发展，更是重新定位。"二手"，意味着我们不是从零开始，而是通过我们自身的经验，重新定位自己。

有人可能问，为了人生下半场，多赚钱不就可以了吗？真未必，钱在你的口袋里，并不意味着真是你的。何况，今天的赚钱模式，明天未必可以持续。你的人生，需要做个备选计划。

记住，有钱，从来不等于硬阶层，金钱并不能解决一切问题。有时候，金钱更是责任。赚更多钱，反而让自己没有退路，甚至会束缚人生的选择。"二手人生"不仅是对人生逆境的准备，就算是顺风顺水，你也需要思考人生的更多可能性。其实，人生到了下半场，无论处境如何，都需要重新定位。

我认识不少成功人士，他们自然实现了外人眼中的财务自由，要么在自己的行业里已经做到专业顶级，要么继续经营企业的成就感也不是很强，也应该把担子交给年轻人，毕竟他们自己的孩子也快大学毕业了。不少人和我聊起的最常见的问题是自己下半辈子还能做什么。面对这些问题，我建议他们好好想想，自己过去有什么事情想做而无法做，有什么人让自己很羡慕却没有追随。写个单子，列出这些遗憾，重新思考，按照自己当下的想法，看看自己还能做什么。这样，你的人生选择就多了很多可能性。

说到底，软阶层应该做的，是从"二手人生"中挖掘自己生活的一手可能性。"二手人生"，其实就是预先给自己的人生下半场多做一些准备。我们这代人，平均寿命会大大提高。到时候，你最苦恼的可能不是钱不够用或者人生太短，而是人生太长，没有可以消磨时间的兴趣爱好。

改变软阶层的软，需要知识，需要尝试，更需要时间。软阶层化的趋势来自时代，但是个体始终还是可以有所作为，你不能放弃，更应该将努力用对方向。任何概率，都是针对一个

结　语

群体而言，而对于任何个人而言，你的努力都不会白费。每一个当下的选择或举措，决定了你以及你关心的人的未来，都是你给自己以及后代的发展路径积分。

如果世界分崩离析，你还可以是你，最后，不能放弃自己的，还是你。

软阶层时代，它既然来了，就让我们欢迎它，带着勇气、智慧与知识。

主要参考文献

［1］李建新等：《中国民生发展报告2015》，北京大学出版社2015年版。

［2］李强：《社会分层十讲》，社会科学文献出版社2008年版。

［3］李哲：《日本信息技术教育应用研究及趋势分析》，中山大学出版社2016年版。

［4］梁晨、张浩、李中清等：《无声的革命：北京大学、苏州大学学生社会来源研究（1949—2002）》，生活·读书·新知三联书店2013年版。

［5］马元曦主编：《社会性别与发展译文集》，生活·读书·新知三联书店2000年版。

［6］钱穆：《中国经济史》，叶龙整理，北京联合出版公司2014年版。

［7］孙涤：《青铜法则》，格致出版社2012年版。

［8］ 徐瑾：《不迷路，不东京》，东方出版社2018年版。

［9］ 徐瑾：《凯恩斯的中国聚会：经济学的那些人和事》，上海三联书店2015年版。

［10］ 徐瑾：《印钞者：中央银行如何制造与救赎金融危机》，中信出版集团2016年版。

［11］ 徐瑾：《中国经济怎么了》，上海三联书店2013年版。

［12］ 张维迎：《博弈与社会》，北京大学出版社2013年版。

［13］ 张维迎：《市场的逻辑》，上海人民出版社2010年版。

［14］ 张维迎：《通往市场之路》，浙江大学出版社2012年版。

［15］ ［美］阿尔伯特·赫希曼：《反动的修辞——保守主义的三个命题》，王敏译，江苏人民出版社2012年版。

［16］ ［美］阿尔伯特·赫希曼：《退出、呼吁与忠诚——对企业、组织和国家衰退的回应》，卢昌崇译，经济科学出版社2001年版。

［17］ ［美］阿尔伯特·赫希曼：《欲望与利益：资本主义走向胜利前的政治争论》，冯克利译，浙江大学出版社2015年版。

［18］ ［美］阿尔伯特·赫希曼：《自我颠覆的倾向》，贾拥民译，商务印书馆2014年版。

［19］ ［德］阿诺德·盖伦：《技术时代的人类心灵——工业社会的社会心理问题》，何兆武、何冰译，上海世纪出版集团2008年版。

［20］ ［英］安东尼·阿特金森：《不平等，我们能做什么》，王海昉、曾鑫、刁琳琳译，中信出版集团2016年版。

［21］［美］安妮特·拉鲁：《不平等的童年：阶级、种族与家庭生活》(第2版)，宋爽、张旭译，北京大学出版社2018年版。

［22］［英］保罗·威利斯：《学做工：工人阶级子弟为何继承父业》，秘舒、凌旻华译，译林出版社2013年版。

［23］［美］彼得·德鲁克：《旁观者：管理大师德鲁克回忆录》，廖月娟译，机械工业出版社2005年版。

［24］［美］彼得·德鲁克、约瑟夫·马恰列洛：《德鲁克日志》，蒋旭峰、王珊珊译，上海译文出版社2006年版。

［25］［美］彼得·德鲁克：《创新与企业家精神》，蔡文燕译，机械工业出版社2007年版。

［26］［美］彼得·德鲁克：《工业人的未来》，余向华、张珺译，机械工业出版社2006年版。

［27］［美］彼得·德鲁克：《公司的概念》，慕凤丽译，机械工业出版社2009年版。

［28］［美］彼得·德鲁克：《功能社会：德鲁克自选集》，慈玉鹏译，机械工业出版社2022年版。

［29］［美］彼得·德鲁克：《经济人的末日：极权主义的起源》，洪世民、赵志恒译，上海译文出版社2015年版。

［30］［美］彼得·德鲁克：《新社会》，石晓军等译，机械工业出版社2006年版。

［31］［美］彼得·德鲁克：《卓有成效的管理者》，许是祥译，机械工业出版社2005年版。

［32］［美］布鲁斯·布尔诺·德·梅斯奎塔、阿拉斯泰尔·史密斯:《独裁者手册:为什么坏行为几乎总是好政治》,骆伟阳译,江苏文艺出版社2014年版。

［33］［美］戴维·兰德斯等:《历史上的企业家精神:从美索不达米亚到现代》,中信出版集团2016年版。

［34］［美］道格拉斯·C.诺思、约翰·约瑟夫·瓦利斯、巴里·R.韦格斯特:《暴力与社会秩序——诠释有文字记载的人类历史的一个概念性框架》,杭行、王亮译,格致出版社、上海三联书店、上海人民出版社2013年版。

［35］［美］道格拉斯·诺思等:《暴力的阴影:无政治、经济与发展问题》,刘波译,中信出版集团2018年版。

［36］［美］道格拉斯·诺思:《制度、制度变迁与经济绩效》,杭行译,格致出版社、上海三联书店、上海人民出版社2008年版。

［37］［美］弗朗西斯·福山:《落后之源:诠释拉美和美国的发展鸿沟》,刘伟译,中信出版集团2016年版。

［38］［美］弗朗西斯·福山:《我们的后人类未来:生物技术革命的后果》,黄立志译,广西师范大学出版社2017年版。

［39］［美］弗朗西斯·福山:《信任:社会美德与创造经济繁荣》,彭志华译,海南出版社2001年版。

［40］［美］弗朗西斯·福山:《政治秩序与政治衰败:从工业革命到民主全球化》,毛俊杰译,广西师范大学出版社2015年版。

［41］［英］弗里德里希·奥古斯特·冯·哈耶克:《哈耶

克论自由文明与保障》,石磊编译,中国商业出版社 2016 年版。

［42］［美］傅高义:《日本新中产阶级》,周晓虹、周海燕、吕斌译,上海译文出版社 2017 年版。

［43］［美］格尔哈特·伦斯基:《权力与特权:社会分层的理论》,关信平、陈宗显、谢晋宇译,社会科学文献出版社 2018 年版。

［44］［美］格伦·廷德:《政治思考:一些永久性的问题》,王宁坤译,世界图书出版公司 2010 年版。

［45］［美］加里·克莱因:《洞察力的秘密》,邓力、鞠玮婕译,中信出版社 2014 年版。

［46］［美］简·雅各布斯:《城市经济》,项婷婷译,中信出版社 2007 年版。

［47］［美］简·雅各布斯:《城市与国家财富:经济生活的基本原则》,金洁译,中信出版社 2008 年版。

［48］［美］简·雅各布斯:《集体失忆的黑暗年代》,姚大钧译,中信出版社 2007 年版。

［49］［美］简·雅各布斯:《美国大城市的死与生》,金衡山译,译林出版社 2006 年版。

［50］［美］杰瑞·卡普兰:《人工智能时代:人机共生下财富、工作与思维的大未来》,李盼译,浙江人民出版社 2016 年版。

［51］［日］井上智洋:《就业大崩溃:后人工智能时代的职场经济学》,路邈等译,机械工业出版社 2018 年版。

［52］［美］凯文·凯利：《失控：全人类的最终命运和结局》，东西文库译，新星出版社2010年版。

［53］［加］克里斯蒂娅·弗里兰：《巨富：全球超级新贵的崛起及其他人的没落》，周晋译，中信出版社2013年版。

［54］［加］克里斯蒂娅·弗里兰：《世纪大拍卖：俄罗斯转轨的内幕故事》，刘卫、张春霖译，中信出版社2004年版。

［55］［美］道格拉斯·T·肯里克、弗拉达斯·格里斯克维西斯：《理性动物》，中信出版社2014年版。

［56］［印］拉古拉迈·拉詹、［美］路易吉·津加莱斯：《从资本家手中拯救资本主义：捍卫金融市场自由，创造财富和机会》，余江译，中信出版集团2015年版。

［57］［美］雷·库兹韦尔：《奇点临近：当计算机智能超越人类》，李庆成、董振华、田源译，机械工业出版社2011年版。

［58］［美］李成编著：《中产中国：超越经济转型的新兴中国中产阶级》，许效礼、王祥钢译，上海译文出版社2013年版。

［59］［美］理查德·泰勒：《"错误"的行为：行为经济学关于世界的思考，从个人到商业和社会》，王晋译，中信出版集团2016年版。

［60］［美］罗伯特·帕特南：《我们的孩子：危机中的美国梦》，田雷、宋昕译，中国政法大学出版社2017年版。

［61］［美］道格拉斯·诺斯、罗伯特·托马斯：《西方世界的兴起》，厉以平、蔡磊译，华夏出版社2009年版。

［62］［德］马蒂亚斯·霍尔茨：《这个世界会好的》，尹婉

虹译，吉林出版集团有限责任公司 2010 年版。

［63］［美］马丁·诺瓦克、罗杰·海菲尔德:《超级合作者》，龙志勇、魏薇译，浙江人民出版社 2013 年版。

［64］［美］马扎林·贝纳基、安东尼·格林沃尔德:《盲点：好人的潜意识偏见》，葛樱楠译，中信出版社 2014 年版。

［65］［美］迈克尔·桑德尔:《反对完美:科技与人性的正义之战》，黄慧慧译，中信出版社 2013 年版。

［66］［美］迈克尔·桑德尔:《公正——该如何做是好》，朱慧玲译，中信出版社 2011 年版。

［67］［日］NHK 特别节目录制组编著:《老后破产：名为"长寿"的噩梦》，王军译，上海译文出版社 2018 年版。

［68］［日］NHK 特别节目录制组合著:《女性贫困》，李颖译，上海译文出版社 2017 年版。

［69］［美］纳西姆·尼古拉斯·塔勒布:《反脆弱:从不确定性中获利》，雨珂译，中信出版集团 2014 年版。

［70］［美］尼尔·波兹曼:《娱乐至死》，章艳译，广西师范大学出版社 2011 年版。

［71］［英］齐格蒙特·鲍曼:《被围困的社会》，郇建立译，江苏人民出版社 2005 年版。

［72］［英］齐格蒙特·鲍曼:《个体化社会》，范祥涛译，上海三联书店 2002 年版。

［73］［英］齐格蒙特·鲍曼:《工作、消费、新穷人》，仇子明、李兰译，吉林出版集团有限责任公司 2010 年版。

［74］［英］齐格蒙特·鲍曼：《流动的现代性》，欧阳景根译，上海三联书店2002年版。

［75］［英］齐格蒙特·鲍曼：《全球化：人类的后果》，郭国良、徐建华译，商务印书馆2013年版。

［76］［美］乔治·阿克洛夫、罗伯特·席勒：《钓愚：操纵与欺骗的经济学》，张军译，中信出版集团2016年版。

［77］［美］R.科斯、A.阿尔钦、D.诺斯：《财产权利与制度变迁：产权学派与新制度学派译文集》，刘宇英等译，上海三联书店、上海人民出版社1994年版。

［78］［美］塞德希尔·穆来纳森、埃尔德·沙菲尔：《稀缺：我们是如何陷入贫穷与忙碌的》，魏薇、龙志勇译，浙江人民出版社2014年版。

［79］［英］塞缪尔·E.芬纳：《统治史》（全三卷），王震、马百亮译，华东师范大学出版社2014年版。

［80］［美］史蒂芬·平克：《当下的启蒙：为理性、科学、人文主义和进步辩护》，侯新智、欧阳明亮、魏薇译，浙江人民出版社2019年版。

［81］［美］史蒂芬·平克：《人性中的善良天使：暴力为什么会减少》，安雯译，中信出版集团2015年版。

［82］［日］松尾丰：《人工智能狂潮：机器人会超越人类吗？》，赵函宏、高华彬译，机械工业出版社2016年版。

［83］［丹］托本·M.安德森、［芬］本特·霍尔姆斯特朗、塞波·洪卡波希亚：《北欧模式——迎接全球化与共担风险》，陈

振声、权达、解放译,社会科学文献出版社2014年版。

［84］［美］托尼·朱特、蒂莫西·斯奈德:《思虑20世纪:托尼·朱特思想自传》,苏光恩译,中信出版集团2016年版。

［85］［德］瓦尔特·伍伦韦伯:《反社会的人:上层阶级与下层阶级是如何搞垮德国,而谁又在从中获利》,李欣译,光明日报出版社2014年版。

［86］［美］薇妮斯蒂·马丁:《我是个妈妈,我需要铂金包:一个耶鲁人类学博士的上东区育儿战争》,许恬宇译,中信出版集团2018年版。

［87］［美］伊恩·莫里斯:《文明的度量:社会发展如何决定国家命运》,李阳译,中信出版社2014年版。

［88］［美］伊恩·莫里斯:《西方将主宰多久:东方为什么会落后,西方为什么能崛起》,钱峰译,中信出版社2014年版。

［89］［美］伊恩·莫里斯:《战争:从类人猿到机器人,文明的冲突和演变》,栾力夫译,中信出版集团2015年版。

［90］［以色列］尤瓦尔·赫拉利:《今日简史:人类命运大议题》,林俊宏译,中信出版集团2018年版。

［91］［美］尤瓦尔·莱文:《大争论:左派和右派的起源》,王小娥、谢昉译,中信出版社2014年版。

［92］［芬］约玛·奥利拉、哈利·沙库马:《诺基亚总裁自述:重压之下》,王雨阳译,文汇出版社2018年版。

［93］方可成:《诺姆·乔姆斯基:"最伟大的国家"没有任何意义》,载《时尚先生》2016年第9期。

［94］ 李春玲：《如何定义中国中产阶级：划分中国中产阶级的三个标准》，载《学海》2013年第3期。

［95］ 李春玲：《中国中产阶级的不安全感和焦虑心态》，载《文化纵横》2016年第4期。

［96］ 李强：《中产过渡层与中产边缘层》，载《江苏社会科学》2017年第2期。

［97］ 李强、王昊：《我国中产阶层的规模、结构问题与发展对策》，载《社会》2017年第3期。

［98］ 刘云杉、王志明、杨晓芳：《精英的选拔：身份、地域与资本的视角——跨入北京大学的农家子弟（1978—2005）》，载《清华大学教育研究》2009年第5期。

［99］ 闫坤、于树一、刘新波：《论引入性别因素的精准扶贫——以绵阳市特困县为例》，载《华中师范大学学报（人文社会科学版）》2016年第6期。

［100］ 沈建光：《北欧经济模式的优势和不足》，载《金融时报》中文网，2021年11月14日，http://www.ftchinese.com/story/001074583。

［101］ 金红：《过去十年居民时间分配发生较大变化 反映人民生活质量稳步提高》，载国家统计局官网，2019年1月25日，http://www.stats.gov.cn/tjsj/sjjd/201901/t20190125_1646799.html。

［102］ 225m reasons for China's leaders to worry-China's middle class. *The Economist*, 2016-7-9.

［103］ Shnizo, Abe. Unleashing the Power of "Womenomics". http://online.wsj.com/news/articles/SB10001424052702303759604579 091680931293404, 2013.

［104］ Adelman, Jeremy. *Worldly Philosopher*. Princeton University Press, 2013.

［105］ Andersen, Torben M.; Bengt Holmström, et al. The Nordic Model: Embracing globalization and sharing risks. *Taloustieto Oy*, 2007.

［106］ Barton, Dominic, Chen Yougang, and Amy Jin. Mapping China's middle class. *McKinsey Quarterly*, 2013-6.

［107］ Billionaires Insight Report 2018 (UBS/PwC). https://www.ubs.com/billionaires.

［108］ Boston Consulting Group. 2015 Sustainable Economic Development Assessment. https://www.bcg.com/en-us/industries/public-sector/sustainable-economic-development-assessment.aspx.

［109］ Chetty, Raj, et al. The Fading American Dream: Trends in Absolute Income Mobility Since 1940. *NBER Working Paper* No.22910 Issued in December 2016, Revised in March 2017.

［110］ Clark, Gregory. *The Son Also Rises: Surnames and the History of Social Mobility*. Princeton University Press, 2014.

［111］ Corlett, Adam. Robot wars: automation and the labour market. *Resolution Foundation*, 2016-7-4.

［112］ Donnan, Shawn, and Sam Fleming. America's middle

class meltdown. *Financial Times*, 2016.

［113］ Donnan, Shawn, and Sam Fleming. Data point to poorer global middle class. *Financial Times*, 2015.

［114］ Drucker, Peter F. *Managing Profitorganization*. Harper Collins Publishers, 1990.

［115］ Drucker, Peter F. *The End of Economic Man*. The Origins of Totalitarianism. Transaction Publishers, 1995.

［116］ Dunkley, Emma. China millennials face pension shortfall Study. *Financial Times*, 2018-8-14.

［117］ FT Confidential Research. Chinese women struggle for workplace equality. *Financial Times*, 2018-6-13.

［118］ FT Confidential Research. Ending China's birth controls will not lead to baby boom. *Financial Times*, 2018-10-18.

［119］ Financiers and actors accused of using bribery to get children into Ivy League. *Financial Times*, 2019.

［120］ Foroohar, Rana. Year in a Word: Techlash. *Financial Times*, 2018.

［121］ Globalization, Bauman Z. The human consequences. *Hachette litteratures*, 1999:8.

［122］ Gordon, Sarah. Successful women do not always make the best role models. *Financial Times*, 2016.

［123］ Hirschman, A. O. *A Propensity to Self-subversion*. Harvard University Press, 1995.

[124] Hirschman, A. O. *The Passions and the Interests: Political Arguments for Capitalism before Its Triumph (New in Paperback)*. Princeton University Press, 2013.

[125] Hout, Michael. Americans' occupational status reflects the status of both of their parents. *Proceedings of the National Academy of Sciences*, 2018.

[126] *Identity: The Demand for Dignity and the Politics of Resentment*. Farrar, Straus and Giroux, 2018.

[127] India's missing middle class. *The Economist*, 2018-1-11.

[128] Justice, Sandel M. What's the Right Thing to Do? *Boston University Law Review*. 2011, 91(4):1303-1310.

[129] Kharas, Homi. *China Middle Class*. Wolfensohn Center for Development at Brookings. 2012.

[130] Kissinger, Henry A. How the Enlightenment Ends. *The Atlantic*, 2018.

[131] Kissinger, Henry A. We are in a very, very grave period. *Financial Times*, 2018.

[132] Landersø, Rasmus, and James J. Heckman. The Scandinavian Fantasy: The Sources of Intergenerational Mobility in Denmark and the U.S. *NBER Working Paper* No.22465 Issued in July 2016.

[133] Leader: College admissions scam tells only half the story. *Financial Times*, 2019.

［134］ Lindahl, M., M. Palme, and S. Massih, et al. Long-Term Intergenerational Persistence of Human Capital: An Empirical Analysis of Four Generations. *Journal of Human Resources*, 2015, 50（1）: 1-33.

［135］ Luce, Edward. Tepid US recovery–it's the middle class, stupid. *Financial Times*, 2014-6-1.

［136］ Milne, Richard. Nordic model is "future of capitalism". *Financial Times*, 2009.

［137］ Morris, I. *The Measure of Civilization*. 2013.

［138］ Morris, I. *War : What is it Good for? : the Role of Conflict in Civilisation, from Primates to Robots*. Profile Books, 2014.

［139］ Morris, I., and B. B. Powell. *The Greeks : History, Culture, and Society*. Prentice Hall, 2010.

［140］ Pew Research Center. America's Shrinking Middle Class: A Close Look at Changes Within Metropolitan Areas. 2016-3-11.

［141］ Sandbu, Martin. What the Nordic mixed economy can teach today's new left. *Financial Times*.

［142］ Sandel, M. Public Philosophy: Essays on Morality in Politics. *Mises Review*, 2005（3）.

［143］ Sunstein, Cass R. *Infotopia: how many minds produce knowledge*. Oxford University Press, 2006.

［144］ Thaler, R. H. Misbehaving-The Making of Behavioural Economics. *Journal of the American Society for Information Science & Technology*, 2015, 54（6）:570-587.

［145］ The Global Wealth Report 2015. Credit Suisse Research Institute. https://www.credit-suisse.com/corporate/en/research/research-institute/global-wealth-report.html.

［146］ The Global Wealth Report 2016. Credit Suisse Research Institute. https://www.credit-suisse.com/corporate/en/research/research-institute/global-wealth-report.html.

［147］ The World Inequality Lab. World Inequality Report 2018. https://wir 2018.wid.world/part-2.html.

［148］ Vandevelde, Mark; Joe Rennison, et al. The story of a house: how private equity swooped in after the subprime crisis. *Financial Times*, 2018-9-5.

［149］ Wolf, Martin. Capitalism and democracy: the strain is showing. *Financial Times*, 2016-8-30.

［150］ Wolf, Martin. Inequality is a threat to our democracies. *Financial Times*, 2019-12-19.

［151］ Zingales, L. *A Capitalism for the People*. Perseus Books, 2012.

后 记

折叠的软阶层

——我为什么要写《软阶层：在不确定的时代寻找上升阶梯》

每一本书都有自己的命运，本书也不例外。

对比之下，《软阶层：在不确定的时代寻找上升阶梯》的写作对我而言，是它自动呈现而不是我主动寻找。换而言之，我过去的写作，往往是因我自己的研究和兴趣衍生。多数情况下，是我因为好奇，产生一个问题，然后主动试着去思考、解答，最终成书。从财经议题的《趋势》《徐瑾经济学思维课》《中国经济怎么了》《凯恩斯的中国聚会》，到金融史领域的《货币简史》《白银帝国》《货币王者》，再到社科文化类的《有时》《不迷路，不东京》等，大抵都是如此。

本书不同，这个主题更多是它找到我，而不是我主动找到它。在过去的主题中，我多是旁观的思考者，而在本书中，我和多数人一样，更多是身在其中而不自觉。随着资料与信息不断向我涌来，直到有一天，我才明白，就是它了。

从"房奴"的压力到职场的"天花板"，从城市教育的竞赛到中产返贫的焦虑，无论你是月入5000元的快递小哥，还是月入5万元的外企高管与年薪百万的"大厂人"，抑或是体制内看起来安稳实际上不可避免地感受到暗流涌动的一员，甚至你是属于所谓财务自由的群体，你都可能属于软阶层，总有一种软阶层的无奈，能够击中你的痛点。

软阶层，其实是我们社会变迁的阶层现实。追求平等，是人类的本能；而追求阶层，则又是社会的天性。所谓软阶层，就是特定的城市中等收入阶层，当他们欣然于艰苦奋斗获得成就的同时，也深刻地感受到他们引以为傲、视若珍宝的阶层地位，其地基是如此软弱，一不留神就可能跌落下去，难以翻身。其实，是否能够维持体面的中产阶层地位，选择、运气和时代大潮的方向往往比他们自身的努力更重要。面对这样的趋势，个人的努力也许很无力。这个时代，一方面，阶层跃升的窗口没有完全锁死，仍旧存在机会空间；但另一方面，软阶层普遍处于流动停滞与欲上不能的脆弱状态，随时可能从原本的阶层跌落。但软既是无力，是焦虑，也是重启与救赎。

阶层，可以说是中国人近年来较为关心的话题，而种种生存困境，不在于个体奋斗，多数来自软阶层本身的固有属性。软，因为过去积淀的时间不够，也因为未来发展空间受限。软阶层化不是阶层固化，而是阶层下滑，我们所面临的压力，只

后 记

是刚刚开始;提出软阶层概念,不是针对过去甚至现状,而是面向未来转折的判断。

环顾全球,软阶层不是中国特色,而是世界景观。正是这一现象,成为东西方社会诸多政治经济变迁的隐蔽动力。我们的时代,进入社会学家齐格蒙特·鲍曼所谓的"流动的时代"——过去坚固的东西也许没有彻底烟消云散,但是起码也从固体变为液体。因此,这是一个需要重新命名的时代,我们需要重新定义人、阶层与社会的关系,正确建立三者之间的有机联系,或许这才是出路。

我身边的不少朋友,都处于无日无之的软阶层日常中——大家为软阶层现状所困,却不完全明白来由,不知道出路所在,因此更为烦恼甚至痛苦。正如马克思在《路易·波拿巴的雾月十八日》中所言:"他们无法表述自己;他们必须被别人表述。"这可以解读为,如果我们的感受,无论是痛苦还是快乐,无论是焦虑还是满足,可以被表达、被理解,那么就可能找到解决的路径。

中国社会的急剧变迁,为观察家们提供了上佳的场景。太多的新现象需要被分析、定义、命名,如小说家马尔克斯所言:"这块天地如此之新,许多东西尚未命名,人们提起它们还得用手指指点点。"

名字,是一切事物的灵魂。看起来,是我总结命名了"软阶层"这一概念,但恰恰是真正的软阶层,给了我灵感甚至动力去理解软阶层这一概念,去完成这本书。这本书的不少素材本身就来自软阶层群体。例如，软阶层的特征，就是读者在讨论中集体确定的。更不用说软阶层的自我拯救，也是受到不少读者亲身经历的启发而提出的。

面对时代变化，选择比努力重要，但更重要的是理解，它是选择的前提。如何定义并且理解我们的时代，决定了我们社会的未来，也决定了我们个体的未来。自然，有人会拒绝承认软阶层的现实，甚至认为这是在制造焦虑。你可以不认同，但从事实来看，正如前文所言，打量我们身处的这个时代，还需要人为制造焦虑吗？软阶层时代正在来临，每个人都被裹挟其中，你无法旁观，但可以选择如何应对。

我长期关注经济议题，而我的读者可以说多数也属于软阶层。过去我的写作主要从经济视角切入，这一次我更多地尝试从经济学、政治学、社会学、科技、历史等视角切入，为软阶层这一社会话题带来更加多元化的思考。

在这本书中，我希望透视被折叠的阶层图景，寻找其更深层次的力量与根源。唯有理解软阶层时代，才有可能跨越软阶层时代。软阶层的主题，我思考多年，本书也打磨了多年，前后过程长达七八年。在这个过程中，"软阶层"时代来临，"软阶层"的判断也从预言变为现实。如前所言，因为宏观等因素，《软阶层：在不确定的时代寻找上升阶梯》是我出版过程最为曲折的一本书，过程不无煎熬。不过，事后看，我也对此释然，将这些曲折看作对于写作以及时代一点交代与微末责任。《软阶层：在不确定的时代寻找上升阶梯》是一次走出经济学的尝试

后　记

与探索，本人文责自负。

在此期间，我也得到不少帮助，除了欣然同意撰写推荐语的孙立平、郝景芳、周濂、马德斌、罗振宇、万维钢几位师友，资深出版人乔卫兵的建议与鼓励也让我收益良多。在写作过程中，不少师友的讨论也丰富了本书内容，如刘海影、朱安新、李丁、严飞等人，在此不能一一列举，唯有感谢。当然，我还要特别感谢在微信公众号"重要的是经济"一直默默陪伴的各位软阶层读者。同时，也要特别感谢生活·读书·新知三联书店副总编辑何奎老师的大力支持与帮助，以及责任编辑李倩老师认真细致的工作，他们的辛勤付出使得书稿得以顺利出版。

最后，欢迎你来到软阶层时代，让我们一起直面它。

徐瑾

2025年4月于上海

Copyright © 2025 by SDX Joint Publishing Company.
All Rights Reserved.
本作品版权由生活·读书·新知三联书店所有。
未经许可，不得翻印。

图书在版编目（CIP）数据

软阶层：在不确定的时代寻找上升阶梯 / 徐瑾著.
北京：生活·读书·新知三联书店，2025.5. -- ISBN
978-7-108-08041-7

Ⅰ.D013

中国国家版本馆 CIP 数据核字第 2025CZ5019 号

选题策划	何　奎
责任编辑	李　倩
装帧设计	刘　洋
责任校对	陈　格
责任印制	卢　岳

出版发行　生活·讀書·新知 三联书店
　　　　　（北京市东城区美术馆东街 22 号 100010）
网　　址　www.sdxjpc.com
经　　销　新华书店
印　　刷　河北鹏润印刷有限公司
版　　次　2025 年 5 月北京第 1 版
　　　　　2025 年 5 月北京第 1 次印刷
开　　本　880 毫米 ×1230 毫米　1/32　印张 8.25
字　　数　178 千字
印　　数　00,001－10,000 册
定　　价　68.00 元

（印装查询：01064002715；邮购查询：01084010542）